重启

新改革时代的中国与世界

李稻葵 著

中国友谊出版公司

图书在版编目(CIP)数据

重启：新改革时代的中国与世界 / 李稻葵著. —北京：中国友谊出版公司，2014.9

ISBN 978-7-5057-3415-9

Ⅰ.①重… Ⅱ.①李… Ⅲ.①中国经济-经济体制改革-研究 Ⅳ.①F121

中国版本图书馆 CIP 数据核字(2014)第 176564 号

书名 重启:新改革时代的中国与世界

作者 李稻葵

出版 中国友谊出版公司

发行 杭州飞阅图书有限公司

经销 新华书店

印刷 杭州钱江彩色印务有限公司

规格 787×1092 毫米 16 开
14.5 印张 175 千字

版次 2014 年 9 月第 1 版

印次 2014 年 9 月第 1 次印刷

书号 ISBN 978-7-5057-3415-9

定价 45.00 元

地址 北京市朝阳区西坝河南里 17 号楼

邮编 100028

电话 (010)64668676

目录

自序 ...V

第一章 新旧之战——变化的世界经济需要新思维 ...1

危机后的世界变好了吗 ...3

金融危机的时代呼唤全新经济思维 ...9

穷国、富国与中国：金融危机后的新三国演义 ...17

如何应对即将全面爆发的欧债危机 ...22

世行换届，中国人应争取当行长 ...30

在迪拜看到中国力量 ...36

第二章 改革新共识——驶向深处的中国经济 ...39

中国经济正在发生静悄悄的革命 ...41

十八届三中全会打开中国经济新格局 ...47

结构调整的关键时期已经来到 ...55

期待新改革元年 ...63

中国改革须研究借鉴“德国模式” ...70

有限权威时代,中国需要什么样的经济改革 ...79

改革不能太依赖“顶层设计” ...89

迎接超越经济体制的新一轮改革 ...96

第三章 改革抓手——未来的重点在哪里 ...103

如何重启改革 ...105

新十年的改革何处是抓手 ...110

国企改革新思路——公共基金 ...115

城镇化——中国模式能否成器的关键之举 ...120

城镇化,中国汽车产业的最后机遇 ...126

房产税发力点应是业主与政府良性互动 ...130

破除个税迷信 ...134

中国经济:刺激还是不刺激,这不是问题 ...143

调整中的经济需要换挡补油 ...148

第四章 改革破局——金融迷局与钥匙 ...155

货币存量登峰造极,风险如何化解 ...157

借金融恐慌推出一揽子改革方案 ...162
如何拯救中国股市 ...169
中国股市如何治本——证券司法体制必须改革 ...175
有序开放资本账户是打开当前宏观迷局的金钥匙 ...180
信贷资产证券化是金融改革“突破口” ...186

第五章 与世界共舞——新十年展望 ...193
十八大后的中国经济 ...195
中国奇迹还能延续 ...203
中国体制演进之路为什么走得通 ...208
让世界读懂中国梦 ...212
未来十年的中国与世界 ...218

自 序

今天的中国已经是世界上引人瞩目的庞大的经济体。

但是，中国经济何时能够迈入现代化的门槛？

而判断发达经济的基本标准又是什么？世界银行等国际机构给出的是一个绝对标准，比如人均 GDP（国内生产总值）达 12000 美元，这个标准也在不断调整。但这不够科学而且无法预知未来几十年后的情况。

根据笔者自己的研究，纵观世界，只有当一个经济体的人均 GDP 达到相当于世界领先经济体美国的人均 GDP 的 50% 以上，该经济体才能相对比较稳定，才能够经受各种波折，才能不错过各种世界经济发展机遇。更重要的是，这样的经济体才能跨入世界领先经济体的俱乐部，其综合国力乃至社会发展水平才能保持不落后。西欧各经济体属于这一集团，韩国新近加入这一集团，日本长期属于这一集团，尽管过去 20 年来，日本经济停滞不前，但是如果考虑了由于通货紧缩导致的日元的实际购买力有所上升的因素，日本的人均 GDP 基本是美国的人均GDP 的 60%水平。

今天的中国人均 GDP 只有美国的 20%（按照人民币实际购买力汇率来计算的）。历史的经验表明，处于这个发展阶段的经济体，往往难于突破美国人均GDP 的 50%水平的关口，从而倒在经济现代化的门槛上。的确，今天的中国经济面临着增长速度下滑、产能过剩、能源资源问题突出、社会矛盾复杂和国际经济政治问题增多等种种挑战。

怎么办?

答案只有一个：必须重启大规模制度演进的进程!

1978 年以来，中国社会发展的最根本的经验就是要坚持持续改善社会经济制度，只有这样，社会各种各样的矛盾和挑战才能够合理地解决，才能避免思维的激进和社会的动荡，化解激进式的革命社会基础。

重启改革必须要重启思路。

首先，必须重启一个认识发达国家基本经济发展经验的进程。国际金融危机爆发以来，发达国家不断突破自己的教条。在应对此次国际金融危机的过程中，西方的发达国家，尤其是美国、英国采取了一系列务实的反教条的措施，英美等发达国家的经济学界也正在反思和总结这一历程。在不远的将来，我们应该能期待发达国家经济学的新一轮的思维。

其次，必须重启以实验促改革的进程，让改革实践走在争论的前面。改革与革命的重大区别是，改革的思维基础是经验主义的探索，而革命是以新意识形态为先导的。

笔者多年来的观察是，经济学和经济改革领域的几乎所有争论，都可以归结为对两个基本问题的认识的差异：

1. 在多大程度上，在哪些领域，市场配置资源是高效的。对于这一问题的不同认识或假设，自然会引出不同的改革的理念和经济政策的想法。

2. 在多大程度上，在哪些领域，哪级政府具有执行力和公信力。这一问题也是没有一个固定答案的。不同的问题，不同的场合，不同的地方政府，其执行力和功能性又不一样。

因此，笔者自己多年来从事经济学研究和参与政策讨论的一个基本理念就是对两个问题不能做统一的假设，必须抱着允许各个地方去试验，允许不同的试点，从试验和试点中找出具体的答案，打破现有的教条的心态。这就是这一轮重启改革的核心所在。十八届三中全会的决议在这一点上是有着非常好的突破的——既强调顶层设计，也强调尊重基层的首创的积极性。

最后，必须重启中国与世界的关系。今天，穷国、富国与中国，新三个世界的格局正在形成。中国必须重新思考自己在世界舞台上的位置与角色。而一门长期的必修课就是必须在世界上以开放的心态、耐心的态度仔细解释什么是中国梦，打消各种可能出现的猜疑。

本书是基于笔者过去两年来对中国经济社会问题以及中国对外关系方面的各种各样的探索。大部分文章来自于每月为《新财富》杂志所写的专栏以及在清华大学中国与世界经济研究中心的《中国与世界观察》上发表的文章。每一篇文章都凝聚着许多人的心血。《新财富》编辑部副主任刘凌云像一位超级美食家，每月提前给笔者点菜，要笔者这个厨师专心研究如何配料、加工、出菜，然后由美食家点评润色。《中国与世界观察》的杨学军老师、陈随老师更是每篇细细品味，提出宝贵修改意见。我特别感谢我的研究生尹兴中、徐欣、程浩、伏霖、冯明、徐翔、吴舒钰、金星晔等同学非常高效的研究助理工作。本书在出版的过程中得到了蓝狮子财经出版中心王留全、康晓明、陶英琪的大力帮助。他们的投入极大地提高了全书整体的质量，更是避免了数不胜数的基本错误。在此一并特别感谢。

Chapter One

第一章

新旧之战——变化的世界经济需要新思维

危机后的世界变好了吗①

> 过去5年，得益于大规模的财政和金融刺激政策及各国政府的携手努力，世界有效避免了从金融大危机到经济大危机的演变，但危机的病根至今仍未根除，美国金融市场的监管不力没有改变、公共财政改革没有任何进展，中国经济的一些体制性问题也没有缓解。危机之后，要标本皆治，必须坚定不移地推进新一轮的改革。中国经济有望在全球拔得改革的头筹，与此同时，欧洲统一的步伐也将加快，新兴市场国家改革势在必行，美国重振雄风的关键亦在于公共财政体制能否进行深刻的改革。

金融危机爆发整整5年了。

过去5年以来，世界各国的政府、企业界、学术界为应对危机，进行了不懈的努力。

世界因此而变好了吗？世界记住了金融危机的教训而变得更明智了吗？

事与愿违，答案恐怕是否定的。世界并没有深刻地反思危机，从而通过积极的行动、深刻的改革避免类似危机的重新爆发。应该说，危机爆发5年

① 原文载于《新财富》，2013年10月。

了，但世界并没因为反思危机而变得更好。

治标给力，治本不足

回顾过去5年的金融危机应对史，最大的成功在于山呼海啸的金融危机并没有演变成席卷全球的经济大危机，20世纪20年代末的经济大萧条没有重演。与大多数人5年前的担忧相反，世界经济在金融危机爆发后两年左右的时间里已基本上恢复了正增长，应该说，大多数国家并没有爆发经济危机。

为什么世界有效地避免了从金融危机到经济危机的演变？显而易见，大规模的财政和金融刺激政策以及各国政府的携手努力起到了重要的作用——这恐怕也是二战前的那次经济危机给这个世界带来的最大启示。

2008年金融危机爆发后，首先是英国政府迅速以国家信用为担保，大手笔为私营的金融机构注资，驰援市场。美国虽然发力较晚，但救市力度却远超英国。美联储不仅以史无前例的力度大规模购买美国国债及以其为抵押的金融衍生品，还直接注资于花旗、美国国际集团（AIG）等资不抵债的金融机构。在财政方面，美英政府更是通过削减工资税、联手加拿大政府直接购买通用汽车75%股份等一系列行动拯救市场。

这一系列行动被部分学者标注为“凯恩斯主义”之举，事实上，这些救市行为的手段和力度都远远超过了凯恩斯当年的想象。凯恩斯只不过是强调财政政策要积极，要在所不惜。他没有想到的是，中央银行的政策也会如此重要、如此奏效，央行可以直接印刷钞票购买金融产品，而不仅仅是借手于降低利率这一在凯恩斯看来毫无实效的货币政策。2013年8月23日国际货币基金组织（IMF）总裁拉加德在美联储杰克逊霍尔世界央行年会上高声直呼，

“过去5年的英雄是世界各大央行，它们的非传统货币政策拯救了这个世界”。

应该说，这一场救助行动的“始作俑者”是英国政府，而最有力的推手是美国财政部和美联储。美联储从来没有跟美国财政部如此密切，白宫首席经济顾问萨默斯也从来没有如此露骨地支持国家对经济的直接干预。这一切都将载入史册，供未来的经济史研究者咀嚼回味，而我们这一代见证者，恐怕绝大多数还没有意识到这场救助行动的超常历史意义。

国际货币的巨大优势史无前例地体现

金融危机后，为什么是作为震源地的美、英两国在发达国家中率先走出衰退？而且，美国的经济恢复情况在这些国家中是最好的，其房价近一年连续不断上涨，居民消费在恢复，一些失业率指标也在下降。这其中非常重要的一个本质性原因就是美元和英镑的国际地位，尤其是美元的霸主地位。

美国是全球第一大国际货币的发行国，金融危机爆发后，美元的国际地位不降反升，超大规模的量化宽松政策并未带来国际金融市场对美元国际地位的怀疑。这种超稳定的国际信用，直接使量化宽松货币政策成为美国资产价格上涨的隐形催化剂。而美国资产价格上涨，尤其是股市上涨并再创历史纪录，直接帮助了美国的金融机构和家庭修复其资产负债表。这就是到目前为止美国经济恢复最好的公开的秘密。

设想下，如果印度和巴西是这场危机的策源地，而它们也效仿美国的量化宽松货币政策，必定会导致本国汇率大幅贬值，进口成本迅速提高，通胀高企，资金外逃，金融机构破产，金融环境恶化，其结果无异于火上浇油。

世界因为量化宽松及英美超大规模财政扩张政策而变好了吗

仅仅从避免经济危机这一角度来看，各国的应对之策也许是值得肯定的。但是，如果我们追问一下这场危机的根源消除了吗，则答案非常简单，那就是世界各主要国家还远远没有找到或者开始推出根除金融危机根源的措施。

美国金融危机的根源无非是两条。第一是金融机构和金融市场的监管不力。虽然美国在金融危机后推出了《多德—弗兰克法案》(*Dodd-Frank Act*)，但该法案到目前为止并没有大幅提高各金融机构的自有资本比率，也没有从本质上限制超大规模金融机构的发展，更没有起到在金融市场上保护消费者、让信息充分披露的作用。它仅仅是一部繁文缛节、让金融交易成本迅速提高的法律。在美英等发达国家，金融市场监管不力的本质其实是“猫的能力不如老鼠”，即监管部门人员的能力远远低于华尔街和伦敦金融城那些拿高工资、高奖金的从业人员。优秀的人才涌向了金融界第一线，留下来二流三流的人员进入监管部门。基因有缺陷的猫怎么能够抓住健硕而机敏的老鼠？这是金融危机没有从根本上解决的一个基本原因。

第二，社会矛盾并没有缓解。欧美等地50%以上的公共财政必须流向社会福利等赋权性支出，而政府所能削减的仅仅是用于科研、基础设施等方向的可支配性支出。金融危机爆发以来，美国由于国内政治纷争，没有在赋权性社会福利的开支上进行任何的削减，而仅仅削减了政府的可支配支出。可支配支出不仅在政府的总支出中所占比例低，而且往往是能够提升经济竞争力的必要开支，比如高等教育和科研支出。毫不夸张地讲，美国在公共财政方面的改革没有任何进展，金融危机的病根仍然潜伏在身，可以预计，未来

3—5 年来自于美国金融市场的动荡仍然不可避免，这轮动荡的导火索将是美国公共财政情况的恶化。

中国在金融危机爆发以后，及时推出了 4 万亿的财政刺激政策，与此相辅的是高达 20 万亿元的货币存量的扩张。财政刺激政策和货币扩张政策及时地逆转了中国经济下行的态势，迅速让经济恢复两位数增长。但是我们必须看到，中国经济的一些体制性问题在金融危机爆发后的 5 年里仍没有得到根本性的缓解，政府对微观经济的干预仍然过多，司法体制的独立性远远不足，贪腐现象仍然普遍。从这个意义上讲，中国经济同美国面临同样的挑战，那就是如何在危机之后标本皆治，推进改革。

中国誓言改革，欧洲艰难前行，新兴经济体备受考验

展望未来，中国经济有希望在全球范围内拔得改革的头筹。中共十八届三中全会受到世界瞩目，一系列涉及面广泛的改革措施被提出，并广泛征求意见。不同渠道的信息都表明，改革的决心在过去十几年来从未如此之大，改革涉及面之广、力度之强也是过去十几年所未见的。改革将是未来几年中国的主题词。

欧洲也在进行改革，从某种意义上讲，欧洲恐怕是这一轮金融危机最大的、长远的受益者。通过这一轮危机，欧洲人看清楚了货币统一，但财政不统一、金融监管不统一等带来的弊病，也更加坚定了欧洲一体化的决心。这一轮的改革中，欧元不会倒，欧洲金融监管体系正在统一，财政政策统一也正在热议，统一的欧洲能源市场、电网、通信网络等讨论都在积极推进之中。有迹象表明，欧洲统一的步伐将加快。经过 3—5 年的调整，欧洲的经济将有

可能恢复到稳健增长的轨道上来。

而新兴市场国家则正在经受考验，美国量化宽松政策的退出已经引起了金融市场对新兴市场如巴西、印度的深切担忧。这些国家毫无疑问将经受金融冲击的洗礼，并不得不推出新一轮的改革措施。美国虽然经济恢复快，却是今天世界经济恢复最大的、中长期的不确定因素。美国重振雄风的关键不在于如何应对中国的崛起，也不在于如何用好自己的新能源，更不在于自己的量化宽松政策如何退出，其根本在于公共财政体制能否进行深刻的改革——通过调整社会保险、增加一部分税收、削减一部分社会开支，将基本财政赤字降低到3%以下，重新回到长期、可持续的经济增长格局。

总之，危机5年了，世界并没有因为危机而变好，大规模的经济危机得以避免，但是金融危机的根源仍没有消除。世界经济要真正走向繁荣，有赖于各国坚定不移地推进新一轮的改革。

金融危机的时代呼唤全新经济思维①

这个动荡的世界不缺资金，不缺技术，不缺资源，不缺人才，唯缺良好的公共政策。而通向良性公共政策的改革，靠的又是崭新的经济学思维。

回顾历史，工业革命以来人类社会经历的每一轮经济危机，最终都由新经济思维来终结；要解决当今中国以及世界经济的矛盾，同样要依赖崭新的经济学思维。这个新思维必须超越传统的凯恩斯主义与自由主义经济学，必须针对当前世界的最大挑战，开出精准的药方。

在笔者看来，新一代的经济思维必须在三个最基本的维度上创新。第一，必须建立最基本的社会福利框架，废除泛福利化体制；第二，必须在完善的、独立透明的法治基础之上建立政府对金融市场的有效监管体制；第三，必须大力推进生产领域的市场化，鼓励实体经济投资。各国所面临的矛盾，都必须从这三个维度加以解决。对于中国而言，只有在监管和福利制度到位的基础上，大力推进经济的市场化，才能最终调动投资者的积极性，让中国经济的潜在需求和供给释放出来，获得长期稳定的繁荣和可持续的增长。

① 原文载于《新财富》，2012 年 11 月。

危机时代最需要的是新经济思维

当今全球是乱世：欧洲仍然备受金融和债务危机煎熬，美国亟需的财政、金融改革步履维艰，危机的风暴仍在聚集；新兴市场国家经济基础不稳，风险暗藏。完全可以预见，新一轮的金融和经济动荡还将在世界范围内来临，其发源地最有可能的就是至今没有进行深刻的公共财政改革和重大经济关系调整的美国。

动荡时代，经济的增长是低迷的，发达国家百姓的生活水平难以持续提高，甚至还在下降。毫无疑问，全球的政治领导、商业领袖、思想界精英都在寻找答案。那么，出路何在，动荡的世界怎样才能走出一条复兴之路呢？为了回答这个问题，我们必须问，当今世界缺什么？又需要什么？

显而易见，当今世界不缺资金。发达国家、各国际货币的发行国争先恐后地出台了一轮又一轮的量化宽松政策，大量的资金积聚在金融体系和资本市场，跨国公司口袋中也充斥着鼓鼓的现金。据美国方面统计，仅仅是美国的跨国公司，在全球就存有两万亿美元的现金。可惜的是，这些资金并没有转换为实际的投资。以中国为代表的新兴市场国家，也是资金充裕，大量的外汇储备不断刷新历史纪录。仅中国的外汇储备，就足以买下在英国伦敦市场上市的全部股票，也抵得上美国上市公司20%的市值。我们的时代是不差钱的时代。

这个世界显然也不缺技术。有人讲，新的世界期待技术突破，事实上，有大量现成的技术等待着资金去投资，等待着市场去挖掘。碳纤维、纳米等新材料技术完全有可能改变世界，未来的汽车和飞机会更轻更坚固；互联网技术加自动控制技术完全有可能在未来10年之内让马路上的汽车基本实现自动驾驶；互联网技术又会使得人类的交流方式发生改变，未来大量的国际会议完全可以通过电视会议的方式实现；更不用说在生命科学领域，人造器官、基因疗法、干细胞等技术突飞猛进，人的寿命在延长，而人类对延长生命的渴望却从来没有像今天这么高。

当今世界缺少资源吗？显然，答案是否定的。石油井采领域裂压技术的突破已经带来了美国的页岩气革命，据美国自己统计，其在三年内不仅可以实现能源的自给自足，而且还能出口。印度尼西亚、南非、智利、俄罗斯等资源发达国家，有大量的自然资源等待开发，它们担心的是未来供过于求，资源价格太低。亚洲的蒙古，非洲津巴布韦、莫桑比克等地区大量已经探明的矿山也等待着实业投资者去开发。

这个世界也不缺人才。中国、美国、欧洲合计每年有上千万的年轻人经过高等教育的培养，走进不同工作领域。创新的精神在史蒂夫·乔布斯、比尔·盖茨、马克·扎克伯格等人引导下比任何时代都高涨。

这个世界唯一缺少的，是良好的公共政策，是应对金融危机爆发以后种种国际挑战的对策。在公共政策方面稍微取得一些进步、摆出前进姿态的国家，都得到了资本市场的青睐。比如英国，尽管基本财政赤字仍然高达GDP的6%，却以过去200多年来最低的、创纪录的利率水平吸引了大量投资。在财政改革方面却步不前的意大利，尽管基本财政赤字为零，仍然遭受资本市场的怀疑和5%以上融资利率的惩罚。在我们中国，大量的资金沉淀在银行账户，寄存于在上一轮经济飞速发展过程中获得巨大收益的民营投资者的名下，他们看不清投资方向，摸不准下一轮政策的走势，因此不愿进行实业投资。

那么，良好的公共政策以及相关政策改革靠的是什么呢？说到底，靠的是崭新的经济学思维。

历史上每一次危机都由新经济思维终结

如今的世界，又遇到了一道坎儿，面对这道坎儿，人们在经济学思维方面要有所突破。一旦实现突破，世界经济必将回归繁荣，并能持续十几到二十年。

我们不妨回顾一下历史，工业革命以来，人类社会经历了若干轮巨大的挑战，每一轮挑战最终都是由经济思想的突破来解决的。19 世纪末，工业革命后英国的市场经济遭受了严峻的挑战，工人运动风起云涌，阶级矛盾日益突出。在这种情况下，上议院的贵族主动提出了社会福利政策的改革措施，涉及基本福利制度、住房制度、劳动保护制度、公共健康制度，这一系列制度改革极大地缓解了社会矛盾，保证了英国经济的稳定，也使得恩格斯当年所写的《英国工人阶级状况》中所预言的危机并没有爆发。

1910 年，美国的经济尽管蓬勃兴旺，但是财富差距创下了人类社会的新高。在这种情况下，西奥多·罗斯福总统推出了一系列所谓“新进步运动”的改革措施，极大地限制了新贵阶层的权力，解决了最棘手的社会问题，保证了经济继续前进，奠定了美国作为经济大国的基础。1929—1933 年的大萧条又迫使富兰克林·罗斯福总统推出经济新政，从社会福利、社会保障、金融监管等一系列方面入手改革，为美国战后的经济繁荣奠定了基础。

最近一轮的经济思维创新，发生在 20 世纪 80 年代。那时候的美国总统里根、英国首相撒切尔夫人推出了所谓“供给学派”的经济新思维，大幅度减少政府干预，降低税收税率，这一系列政策带来了世界经济接下来 20 多年的蓬勃增长。后来的全球化、投资高涨、创新风潮等都应该归因于那一场改革。

现今，世界经济包括中国经济又到了一个新的转折点。如何面对投资不利、入不敷出、金融市场混乱、收入差距加大等一系列社会经济矛盾？解决这些矛盾，必须依赖崭新的经济学思维。

新经济思维的三个基本点

对于包括中国在内的整个世界而言，一个新的经济学思维必须超越传统的凯恩斯主义，也必须超越传统的自由主义经济学思维，必须针对当前世界的最大挑战，提出明确的方向，开出精准的药方。这种新经济思维在笔者看来必须包括三个最基本的维度，对发达国家、中国等其他新兴市场国家，这三个维度都至关重要。而各国所面临的矛盾，在很大程度上讲都必须从这三个方面加以解决。

第一，必须建立最基本的社会福利框架。当今世界，发达国家的福利制度极其昂贵，其效率又极为低下。根据发达国家自己的统计，其70%～80%的社会福利性开支用于补贴那些从本质上讲不需要社会福利支持的人群。以美国为例，美国政府最大的隐性的社会福利开支是对买房阶层的利率补贴，包括联邦政府对房地美、房利美的兜底承诺以及家庭房屋按揭利率支出免个人所得税的措施。在中国，很显然，最基本的社会福利机制是空缺的。返乡的农民工、生病的贫困家庭、失学的儿童、孤寡老人、失去独生子女的父母，这些人群是中国社会必须要有针对性扶持的对象。援助这些人群既是出于人道主义的考虑，也是稳定社会、唤起民众拥护市场经济的必要条件。我们必须认识到，市场经济的竞争往往是残酷的，任何人都不能保证自己是永远的优胜者，每个人都有可能沦为不幸的、被市场经济甩出去的失意者。更不用说，人类最大的不公是基因的不平等，而市场经济往往是放大了人类基因的不平等。如果不能对市场经济最大的失意者提供最基本的保障，那么市场经济不可能在中国进一步地深入人心。

尽管中国在最基本的福利制度方面的建设是缺位的，与此同时，又有一种令人不安的倾向在积攒社会能量，那就是泛福利化呼声。这一倾向的一个表现是，一些中高等收入的人群强势呼吁，自己需要政府提供事实上的福利补贴。比如说高速公路的免费，就是一种泛福利化的倾向，是中高收入阶层搭福利化便车的表现。首先，高速公路不是公共品，只有在高速公路上开车的人才受益，而高速公路上车流量到了一定程度时，这种服务又有排他性，是互相排斥的，高速公路服务不符合最基本的公共产品定义。其次，高速公路不同于粮食和基本住房，它不是必需品，因为不上高速公路，通过火车或其他交通工具也能够达到远行的目的。因此，高速公路免费的补贴，本质上是一种高福利的政策，是对有车阶层具有高度针对性的补贴。在家家有车的美国、德国，这种补贴也许具有普适性，但在很多低收入家庭并没有汽车的中国社会，这种补贴却是补贴了高收入阶层，其结果适得其反。

所以，对于发达国家而言，必须削减过头的福利；对于中国而言，必须抵制泛福利化倾向，集中财力补贴最贫困的阶层。根据笔者的计算，如果中国 3 亿个家庭中最贫困的 10%，每家每年获得相当于 1 万元的补贴，其费用也就是 3000 亿元，仅仅占到整个 GDP 的 0.6%、公共财政收入的 2.9%，这完全是社会负担得起的，成本是可控的。

第二，必须在完善的、独立透明的法治基础之上建立政府对金融市场的有效监管体制。现代市场经济必须监管，不监管的经济一定会步入危机，这是因为现代金融体系具有太多的信息不对称、市场信号交易正反馈和共振等问题。发达国家金融危机的一个惨痛教训，就是放松了对金融体系应有的监管。

监管是必需的，同时也必须是有效的。对中国而言，必须强调这种监管是建立在法治的基础之上，否则监管就会走向歧途、走向寻租、走向低效。对中国经济而言，法治是监管的基础，司法系统必须逐步走向独立，并把政府的行为列入监管对象。以证券市场为例，之所以过去 20 年中国经济年均增速在 10%左右，考虑通货膨胀，中国名义 GDP 年均增速在 13%以上，而 A 股的平均回报率只有 1.3%左右，究其根本，就是证券市场的司法不到位，这与美国 1933 年之前的股票市场有类似之处，因此，笔者提议要在北京、上海或深圳建立专门处理证券司法案件的检察院和法院。

第三，必须大力推进生产领域市场化。不管是发达国家还是中国，实体经济领域必须坚持市场化的基本取向，市场化的程度还要继续推进。在基本福利制度和政府法治监管到位的情况下，市场经济的取向应当是唯一的选择，市场化也是推动经济发展的根本动力。

对中国而言，最直接的市场化目标，就是把大量国有的以及跟国有经济密切相关的部门进一步推向市场。国有企业必须按照市场的规则运行，国企高管必须和政府切断关系，国企工作人员不应再像目前一样潜在地纳入公务员体系，不能由政府直接任命。只有这样，才能真正按照市场原则去激励、去考核国企高管。国家对国企的干预要大幅度减少，要逐步放开国有控股的领域。同时，从公共财政的长期稳健来考虑，国家可以将从国有领域撤出的资金，按照市场分散化的原则，投入到非国有部门，形成维系国家财政稳健的资金基础。

只有在监管和福利制度到位的基础上，大力推进中国经济的市场化，才能最终调动中国投资者的积极性，才能让中国经济的潜在需求和供给释放出来。

新经济思维支撑新一轮改革

我们所处的时代，是个动荡的时代。中国经济尽管已经取得辉煌的成绩，但是与民族复兴的远大目标相比，仅仅是迈出了第一步。解决当前中国经济矛盾、应对当前世界经济矛盾的根本，就是新的经济思维。现实中复杂的经济危机是经济学研究和思想最根本的推动力。笔者坚信，当今世界正在呼唤新一代的经济思维，而它最终必将给世界经济带来新一轮的蓬勃发展。对中国而言，它必将带来长期稳定的繁荣和可持续的增长。

穷国、富国与中国：金融危机后的新三国演义①

金融危机过去将近6年了。我们的世界正在出现新一轮的持续性的深刻变化。在这一轮深刻的变化中，穷国也好，富国也好，中国也好，任何一方只要能在改革调整方面，付出更多的努力，推动实质性的进展，这就将为下一轮的经济发展奠定坚实的基础。由于中国有35年改革成功的经验，以及当前社会民众对改革基本的共识和广泛的支持，我们有理由相信，在这一轮调整的过程中，中国仍然能够像过去35年一样，交出一份让人满意的答卷，在穷国、富国与中国这个新三国演义中扮演强者的角色。

穷国、富国，与中国

当今全球经济大格局，可以用穷国、富国和中国这种新的三个世界来划分。穷国指的是那些不发达，仍具有工业化、现代化潜力的一大批发展中国家。富国指的是那些已经处于后工业化时代，人均生活水平相对较高的一大批经济体。而中国显然不同于别的发展中国家，因为中国的规模之大，储蓄

① 原文载于《新财富》，2012年7月。

币之高，外汇储备之巨，对外投资和吸引投资的规模之大，在世界上都是首屈一指的；同时，中国更不属于发达国家，人均发展水平仍然只有美国这一经济发展标杆的五分之一，中国内部也有很多的省份和地区，仍然处于非常落后的发展水平。这就是当今全球经济的新三个世界的格局。

金融危机之后，一场新的“三国演义”正在展开。这三类国家都面临着自身社会经济发展的深刻矛盾，都必须经过艰苦的调整和改革，才能够回到可持续发展和社会稳定的轨道上来，新一轮的制度变革的竞争正在展开。

穷国又被逼到非改革不可的境地

穷国所面临的挑战在金融危机爆发5年后的今天显得尤其突出。这一轮金融危机的策源地是英国和美国，国际金融市场的注意力也在这些国家身上。因此，金融危机爆发以来，穷国从整体上讲，获得了短暂的发展喘息之机。穷国，尤其是其中发展速度较快被称为新兴市场的国家，获得了空前的关注。在2010年到2013年这段时间大量资金涌入到这些国家，穷国出现了一片繁荣。国际舆论也曾经一边倒，认为这个世界改变了，富国的光环让位于穷国。但是今天，随着美国等发达国家的经济逐步恢复，以及由此带来的超常规货币政策的退出，穷国自身的很多基础的制度性问题暴露无遗。穷国的根本问题是基础性的现代市场机制没有完全建立起来，其中包括支撑经济长期发展的基本的社会福利体制。许多穷国存在着严重的腐败现象，许多领域都是政府严加管制，导致个别企业的垄断地位居高不下，收入差距高企，贫困问题严重。不少国家，包括印度、巴西、马来西亚等国家，仍然存在着政府能力严重不足等问题，而官商结合产生的种种弊病也不时地以丑闻的形式爆发出来。这一系列微观体制上的问题，在当前发达国家宽松货币政策退出的情况下，引发了一轮国际市场对这些新兴市场国家唱空的浪潮，带来了宏观经济层面的巨大冲击。印度、巴西、阿根廷、印度尼西亚、俄罗斯等国的货币巨幅贬值，造成了投资者的恐慌。摆在这些国家面前最根本的问题是能否坚定不移地推进基础性的社会制度的改革，用改革和调整来应对这些危机。穷国正在分化，那些真正致力于改革的国家将是下一波明星级的新兴市场经济体。

富国不落实改革，危机还会光临

富国在金融危机爆发 5 年之后，经济状况普遍出现了反转。美国作为发达国家的领头羊，其经济出现了比较稳健的反转：失业率不断下降，资产价值包括房价屡创新高；新一轮的科技型企业，包括互联网和生物制药企业，引发了新一轮的投资浪潮；能源革命也给美国的制造业带来了一定程度上的生机。欧洲经过艰苦的调整，走了一条货币政策相对紧缩的艰苦的调整之路。欧洲的中流砥柱是德国，德国经济由于在 20 年前推进了一系列改革，如今坚如磐石。而欧洲的“病夫”希腊，如今也兑现了一系列改革承诺。这使得希腊在 2014 年 4 月份得以重返国际债务市场，这也标志着欧洲债务危机的调整进入了新的阶段。

尽管富国目前出现的是一轮稳定恢复的景象，但是必须看到，发达国家的根本性问题没有解决，其中最关键的就是必须建立政府与社会的新契约。在全球化浪潮的冲击下，大量的企业从发达国家移向其他地方，全球化带来了企业的利润上涨，但是并没有给民众带来相应的好处。在这个背景下，发达国家的社会面临一个根本的矛盾——是给那些在全球化过程中受损的民众提供最基本的社会福利保障；还是减少社会福利的支持，把民众推向全球化的风口浪尖，让他们在全球化的大风大浪中搏击，从而提高竞争力。这两派观点仍然争执不下。但目前我们看到的是，美国由于宽松的货币政策，以及美元的国际地位，在短期内带来了繁荣，这种繁荣使得美国的财政赤字的比例出现了一定的下降。但是根本的问题没有解决，美国著名学者杰弗里·萨克斯在清华大学经济管理学院30年院庆的系列学术活动中特别强调，美国当前的繁荣是富人的繁荣，与穷人无关，美国的社会矛盾正在加剧，10年之内，美国将出现大规模的社会抗争。欧洲的情况，比美国似乎好一点。毕竟欧洲央行在此轮金融危机的应对中，没有像美国那样大动干戈。因此欧洲在财政政策以及社会福利方面出现了与美国相比更加实质性的调整。尽管欧洲的恢复步伐相对缓慢，但脚步却来得更加坚实。值得关注的是，欧洲能否最终实现他们的改革承诺，这仍然需要观察。

中国，改革共识如何落地

应该说中国的社会各界包括决策者，对自身问题的认识还是比较清醒的，是有共识的，那就是，中国必须进一步改革。没有改革，所有的矛盾，包括社会矛盾和经济发展的矛盾，都不可能从根本上解决。但问题是，如何推动并且最终实现这一轮改革的承诺，这是摆在国人面前的最大问题。如今的改革比之35年前，要艰难得多。最突出的特点是，政府的相对权力的下降，社会各界日益的多元化和草根化，利益集团夹杂在各种不同的社会意识形态之中，通过各种方式，包括舆论的方式，保护自己的利益。这一轮的改革考验中国民众的忍耐力和决策者的大智慧。这一轮的改革最艰难的课题是如何在进一步放宽市场的作用与加强政府应有的责任之间取得平衡。在这个问题上，中国作为一个大国，必须处理好、解决好，否则中国无法与穷国和富国们齐头并进。

金融危机过去将近 6 年了。我们的世界正在出现新一轮的持续性的深刻变化。在这一轮深刻的变化中，穷国也好，富国也好，中国也好，任何一方只要能在改革调整方面，付出更多的努力，推动实质性的进展，这就将为下一轮的经济发展奠定坚实的基础。由于中国有 35 年改革成功的经验，以及当前社会民众对改革基本的共识和广泛的支持，我们有理由相信，在这一轮调整的过程中，中国仍然能够像过去 35 年一样，交出一份让人满意的答卷，在穷国、富国与中国这个新三国演义中扮演强者的角色。

如何应对即将全面爆发的欧债危机①

种种迹象表明，欧债危机可能在（2011年）年底前全面爆发，由此引发的德法等国增发主权债务自救的行动，将导致金融市场大幅震荡，未来一年欧洲经济可能有较大衰退，但由此触发的改革有助于3年之后一个更加稳固的欧洲出现。与欧洲情况不同，美国的经济面临“长痛”，势必长期困扰世界经济。面对这样的形势，中国应加快改革，在保持既定货币政策的前提下，通过财政体制改革，推动新一轮积极的财政政策，包括各级政府试行资产负债表管理，在营救欧洲国家时积极参与多边协商而非单独行动，鼓励民间资本直接投资欧洲等。

欧债危机短期内可能全面爆发

2011年，爆发近两年的欧债危机，出现了加速恶化的种种迹象。

首先，以希腊为首的债务国，出现了明显的财政困难，遭到了资本市场的进一步怀疑。2011年9月12日，希腊5年期主权信用违约掉期合约率

① 原文载于《新财富》，2011年10月。

(CDS)攀升到创纪录的3950基点,一年期国债收益率飙至117%(CDS每上升一个基点,显示对冲5年1000万欧元债券违约风险的保费每年增加1000欧元)。部分国际资本市场人士表示,希腊债务违约的可能性为98%。从技术上讲,希腊已经达到了破产的边缘。

其次,原本计划营救欧债危机国的欧洲富国,包括德国和法国,出现了明显的政治意志动摇。是继续营救债务国,还是抽身自保,两国国内的争论日益激烈。而随着时间的推移,营救希腊的成本越来越高。事实上,2009年时营救希腊的成本也许只要几百亿美元,时至今日,其成本成倍上升。

最后,欧债危机出现了明显的扩散迹象。希腊、西班牙等国债务状况的恶化,导致持有这些国家主权债务的全球金融机构面临着资产负债表极端恶化的前景,如德意志银行、法国兴业银行、瑞银等,纷纷遭到国际金融信用评级机构的降级。这些机构的资产负债表混沌一片,它们都难以确信其他同行的资产质量,因此出现了2008年美国雷曼兄弟破产之后的混乱局面,那就是金融机构不敢与自己的交易伙伴继续交易,而宁愿把保证金存在欧洲央行。这在短期内造成金融市场的萎缩,也很快带来对实体经济的打击。

以上种种情况,可以得出三点推断。

1. 希腊、葡萄牙等国的主权债务违约重组势在必行。希腊、西班牙等国短期内很难出现财政改革的奇迹,因此,国际资本市场对这些国家持续加大看空力度。事实上,对于这些国家,债务违约也许是最佳选择,因为从国际资本市场继续借款的成本非常高,再融资的意义已经不大。相反,如果选择违约,可以尽快在一定时间内摆脱债务负担,赢得宝贵的改革空间。

而与此同时,德法等发达国家出于本国政治的考虑,极不愿意看到债务国违约,担心违约带来的欧债危机之火伤及本国金融机构,同时也没有决心马上大规模出手，而美国则抱着隔岸观火的心态。这种情况下，国际货币基金组织作为一个与欧美关系密切的国际组织，也很难独立行事。之前为营救这些国家筹措到的资金量，约有5000亿欧元，明显不足。更重要的是，在目前情况下，任何一方都不愿单边行动，因为单边行动的结果，一定是全军覆没，无济于事。

2. 希腊、西班牙等国的主权债务违约，会带来一系列连锁反应，金融市场会进一步动荡。这种情况发生后，德法等国必须自救，主要的自救方式是增加主权债务的发行量——类似于2008年美国的做法，而这反过来会导致德法等国主权债务的信用评级下降，以及相关金融机构的资产负债表恶化，由此又会带来金融市场的进一步恐慌和新一轮的全球性资产价格下降。

3. 欧洲国家信用评级的下降以及财政的紧缩，加上资本市场的震荡性下行，可能导致欧洲主要国家（也许德国例外）的经济出现较大程度的萎缩。由于这种可能性很难避免，而欧洲又是中国的第一大贸易伙伴，因此，欧洲对中国的进口量会有所下降，这势必对中国经济产生冲击，为中国经济结构的调整带来一定的复杂性。

综上所述，欧债危机在未来3个月（即2011年年底）可能会全面爆发，而未来一年，欧洲很可能会发生较大程度的经济衰退。

历史的经验表明，任何金融危机都会触发经济、社会乃至政治的一系列改革。这次欧债危机也不例外，它会促进主要欧债危机国的国内福利制度改革，它们会大幅度削减政府开支，精简政府对实体经济的干预。经过一到两年的调整，这些国家一定会大幅度提高劳动生产效率，减少劳动用工成本，使其单位劳动成本与德法等国达到同一个层次，从而从根本上保证欧洲经济一体化的进程。

这一轮危机也会带来欧洲经济的进一步一体化，使得欧洲的经济政策协调机制在危机之后更加健全，在欧洲各国财政政策的协调方面，也一定会上升一个台阶。3 年之后的欧洲经济和欧元，一定会建立在更加稳固的基础之上。

欧洲是短痛，美国才是全球经济的大难题

根据以上分析可以预判，欧洲债务危机是短痛，3 个月之内全面爆发，一年左右导致经济衰退，而欧洲通过经济体制改革，3 年左右时间可以让自身变得更加稳固。与此图景相反，美国的经济问题可能来得更加全面，更加深刻，也因此美国经济改革的任务更加繁重。但是，由于美国目前并没有明显的债务流动性危机，因此，其改革的进程有可能会非常地艰巨和漫长。

首先，从公共财政的基本面来看，美国的情况远比欧洲糟糕。美国公共财政的基本赤字（刨除对历史上形成的国债的历史支出，以及经济增长低于平均值的周期性因素）约占美国 GDP 的 6%左右，而欧洲各国除了爱尔兰都在 6%以下，意大利更是出现了基本的结构性的财政盈余，2010 年约占 GDP 的 0.9%。换句话来讲，欧债危机在很大程度上是流动性的问题，是资本市场过分恐慌，不信任欧洲各国的改革进程和改革决心而带来的短期震荡，是欧洲各国被国际资本市场逼迫的无奈之举。欧洲经济的基本面没有想象的那么糟。

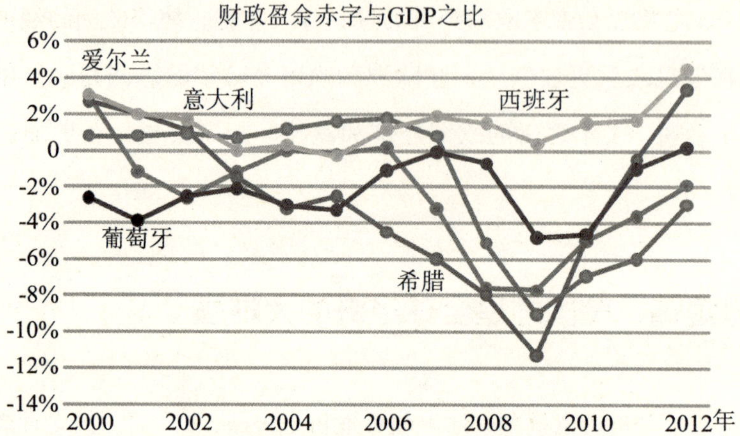

图 1-1　欧洲各国财政盈余 / 赤字占本国 GDP 之比

数据来源:OECD 经济展望 2010

而美国经济，面临的则是更加根本的、长期的问题。与此同时，根据美国国会预算办公室自己的分析，如果不经过大规模的财政调整，到 2030 年，美国法定性的财政支出将远远超过其财政税收。

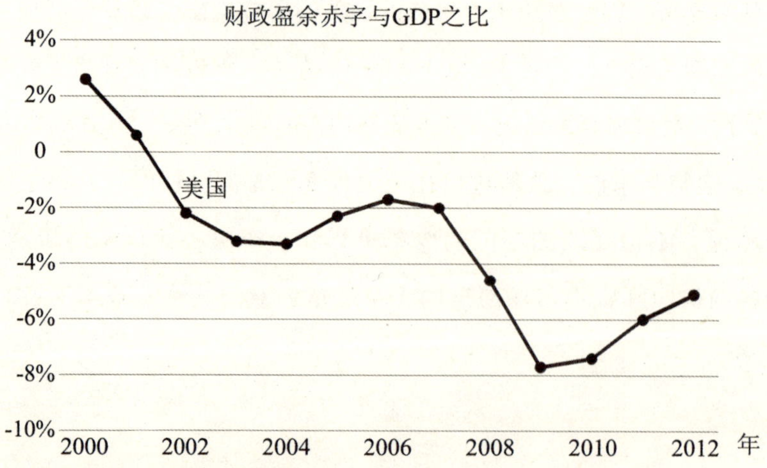

图 1-2　美国联邦政府财政盈余 / 赤字占本国 GDP 之比

数据来源:OECD 经济展望 2010

其次，欧洲的问题主要是国与国之间的矛盾，而美国的问题，是内部的二元经济问题。欧洲的危机，是德国跟希腊之间经济步伐不一致、竞争力不同而带来的危机。这种危机目前通过债务危机表现了出来，强迫希腊等国削减福利开支、降低劳动用工成本，以跟上德国的步伐。这种改革是集中在一国之内的，是一致对外的改革，相对而言比较容易。而美国的情况是，它既有极具国际竞争力的企业和群体，如英特尔公司和软件工程师，同时又有一大部分依赖福利的、没有国际化技能和国际化竞争力的新移民，其中包括占新移民70%的讲西班牙语的南美移民。在同一个社会里，这两部分人之间的矛盾很难调和。处理这种内部的争斗往往比推行一致对外的、来自外部压力下的改革要难。这就解释了为什么当前美国政坛出现了巨大的、严酷的争斗。其中，茶党代表的是具有国际竞争力的一类群体和企业，而民主党人在很大程度上代表了一批没有竞争力的、希望通过贸易保护和扩大福利、扩大财政支出的方式来恢复美国竞争力的人群。

最后，美国与欧洲的最大区别是，欧洲已经看到了改革的必要性，时间拖不起了，而美国远远没有看到这种改革的迫切性。这反映在美国的经济学界和思想界，是远远没有形成一套有说服力的、民众信服的改革路线图或改革思想，因此我们可以合理推断，美国的问题将拖延很长时间。

对于中国而言，我们必须清醒地认识到，欧洲经济问题对中国的影响只是宏观经济增长的冲击，而美国的长期动荡和动荡中的经济逐步衰退，带来的则是国际格局以及有关游戏规则的变化。在这个过程中，美国将变得更加不自信，相关的国际规则将变得更加复杂。而中国作为现行国际规则的一个相当程度的受益者，面对国际规则日益变化的前景，就需要大智慧，需要认真地研究、仔细地把握。

应对欧债危机和美国经济长期走软的战略准备

面对如此复杂的国际形势，中国首先而且最重要的就是要加快改革。这一轮经济的冲击与2008年的金融危机不同，主要来自于欧洲，总体来说，其影响相对较小，毕竟整个世界经济由一大批新兴市场国家的发展作支撑，而中国经济的结构经过过去3年的调整，已经更加依赖于、也更加全面地转向内需。因此，面对欧债危机全面爆发的前景，中国的经济政策应该是在保持既定货币政策的前提下，积极探索，通过财政体制改革，推行新一轮积极的财政政策。

首先，各级政府，从中央到地方，都应该试行资产负债表管理。在中央财政这一层面，特别要积极地扩大债务的发行。通过资本市场发行债务，进行一些长期的国土性建设，如防震减灾、水资源管理等项目的投资，这些投资项目是中国经济最需要的。更重要的是，在清晰透明地计算出中央政府的资产负债表的前提下，适当多发一些人民币国债，比如将其占GDP的比重从目前的18%逐步提升到50%，这对于人民币国际化以及整个中国资本市场的发展乃至宏观经济的稳定，都有百利而无一弊。本质上讲，中国的公共财政有强大的国家控制的国有资产为后盾，在这种情况下，多发行一些国债是极其有利的。

其次，在欧债危机一片狼藉的情况下，中国将面临来自于各个方面的要求，要求中国拿出真金白银营救欧洲国家，笔者的建议是，多参与德国、法国、美国等国以及国际货币基金组织等机构的多边协商，而非单独行动。目前的情况下，在政府层面单独购买某些欧洲国家的债务，往往不能够解决问题。更重要的是，单独行动即便能够营救一些国家，也会带来德、法、美等国以及国际货币基金组织等机构的猜疑和不满。多和这些国家与机构讨论协商，更能够显示中国作为一个负责任大国的重要作用。

最后，与官方谨慎地营救欧洲的政策相反，中国应该积极地推动和鼓励民间，包括企业和家庭，直接投资于欧洲。这样的举措能够直接帮助欧洲国家的实体经济恢复，更重要的是，它有助于中国经济的发展。比如说，中国的浙江等地已经成为世界上重要的丝绸生产基地，但是丝绸的质量远远不能和意大利相比，而如今意大利的债务危机一定会传递到当地的丝绸行业，导致部分企业陷入困境，此时，正是对意大利丝绸行业加强投资、加强合作的大好时机，由此可以让中国的丝绸业更上一个台阶。

鼓励民间企业和家庭直接对外投资，事实上也是人民币国际化的重要组成部分，这样的做法可以形成资本的有序外流，从而让国家手中的外汇储备增长速度逐步地放缓，甚至于逐步地下降。在这一点上，特别要强调的是，应该试点让家庭直接将人民币转化为美元或者欧元，投资于美国或者欧洲的股票。在总量控制和投资指导的前提下，国家应该让百姓能够从欧债危机中获得一些投资收益，同时形成让一些外汇进入中国、一些外汇流出中国的双向流动的有效局面。

总之，当下欧债危机一触即发，美国的经济困境短期难以消弭，我们面临的是一个复杂的国际形势，但同时也是一个充满机会的国际环境。这种情况下，中国应坚持改革，谨慎出台相关的政策，企业和民间积极出手投资，将会让中国经济的未来发展站在更加坚实的基础之上。

世行换届，中国人应争取当行长①

今天的世界已经改变，由欧洲人掌控国际货币基金组织、美国人掌控世界银行的格局必须改变。对于解决发展及贫困问题，来自中国这样迅速发展国家的候选人，会有更直接的观察和体验。同时，与好看而不实惠的国际货币基金组织总裁不同，世行行长的位置对中国更加重要，因此，中国应力争推举林毅夫博士担任世行行长，这有利于发展中国家借鉴中国发展的经验，让中国的发展道路获得更普遍的认同。

国际社会热议世行行长人选

2011 年 10 月，国际社会已经开始悄悄议论谁将成为下一届世界银行的行长。对于时任行长佐利克，当时外界的言论认为其不大可能连任，理由是这位共和党的资深官员难以得到民主党总统奥巴马的推荐。

2012 年 1 月 26 日，在达沃斯世界经济论坛 2012 年年会上，笔者碰到了任期即将结束的佐利克。4 年多以前，佐利克在世行履新之时曾来清华大学与

① 原文载于《新财富》，2012 年 3 月。

老师们进行了一场内部座谈会，大家聊得兴致很高。见到老相识，笔者直接问他是否已经决定谋求连任。他告诉笔者，回到美国之后，将与世界银行的各位高层领导进行一轮沟通，然后就宣布自己的决定。当时笔者的预感是，他将不谋求连任。2 月 15 日，佐利克正式宣布他将不连任。

如今，国际社会针对谁将担任下一届世界银行行长的问题议论纷纷。美国与欧洲方面的评论基本认为，下一任行长还会来自美国。这是一个不成文的规矩，即世界银行的行长由美国总统通过财政部推荐，而国际货币基金组织的总裁则由欧洲方面推荐人选。

讨论的一个热门人选是时任美国国务卿的希拉里，另一个热门人选是克林顿政府后期的财政部部长、哈佛大学的前任校长、著名经济学家劳伦斯·萨默斯。当然，还有其他一些标新立异但显然不着调的人选，比如让末日博士鲁比尼当行长。一些观察家还进一步分析，希拉里本人对这一职位并不感兴趣，因为她觊觎的是 2016 年的总统大选，如果在 2012 年被任命为世界银行行长的话，就意味着她必须在 2014 年年中辞职，踏上总统竞选之路。这种在位两年多就辞职的做法被认为是不负责任的。而且，作为世界银行的行长，希拉里在美国国内的政治影响度将非常有限，这不利于实现她本人最终当选美国总统的政治野心。而劳伦斯·萨默斯在很多人看来也并不靠谱，因为他观点犀利，口无遮拦，尽管可能是当代最具影响力的经济学家，但屡屡得罪经济学学术圈之外的社会精英和大众。因此，他不被认为是一个非常得力的管理者。在哈佛大学，他被教授们撵下了台，这一纪录并不光彩。

推举中国候选人意义深远

笔者的观点是，关于世界银行行长这一职位，中国方面应该积极主动地据理力争，争取能够把一位来自中国的候选人推举成为世界银行的行长。为什么呢？

由一位中国人担任世界银行的行长，对于发展中国家整体上讲是非常有益的，这也是中国应尽的国际责任。中国30多年的快速发展应该可以说是二战后全球经济的一大奇迹，而最能为此感到振奋的是一大批落后的国家。中国的发展让他们看到了希望。许多发展中国家的百姓都在暗暗自问这样一个问题：中国人做到了，我们为什么不行？中国在发展中国家里拥有极大的号召力，具有榜样的作用。更具体地讲，来自于中国发展的宝贵经验，对于尚未跨入发达国家行列的其他国家而言，是最具有借鉴意义的。

而来自中国的宝贵经验用高度概括的说法无非就是两条：第一条经验就是发展是硬道理。每个国家，要解决社会的、政治的、贫困的等等一切的问题，必须要有经济发展，而经济发展必须来自于一定规模的投资。这就是邓小平所反复强调的“以经济建设为中心”。用通俗的话讲，就是发展是硬道理。在这个问题的认识上，发达国家的看法往往是错误的。在很多发达国家的学者和政治家看来，先要把制度搞对，才能够实现发展，而他们所谓的良制往往是从当今发达国家照搬过来的，他们忽略了一个事实，即，他们今天的制度是在上百年经济发展的进程中不断演进而来的，发达国家在经济起飞时代的经济制度并非如此“先进”。他们没有能够看到的是，只有在经济发展的基础之上，政治的改革、政治的进步才能够实现，经济的体制才能够完善，社会的问题才能够逐步化解，贫困才能够消灭。

来自中国的第二条宝贵的经验就是持续的制度变迁，即改革必须逐步地、不断地推进。中国的经验表明，在任何一个发展阶段，必须要首先抓住最影响经济发展的制度瓶颈，并针对其进行改革，经济才能够发展，发展了之后改革才能进一步推进。

比如说，在中国经济发展的早期，1978 年十年动乱刚刚结束的时候，困扰中国社会、经济最大的问题是粮食问题，因此，紧紧抓住农业的家庭联产承包责任制及解决农村集体制度过分集体化的制度约束，这项改革加上大幅度提高农产品的销售价格，迅速地解决了当时中国 11 亿人口的吃饭问题，立即给中国的改革注入了强心针，给中国的发展奠定了基础。

进入 20 世纪 90 年代末期，中国的核心问题变成了要进一步开发市场，摆脱美国年复一年的最惠国待遇的评审问题，这就促进了中国加入世界贸易组织（WTO）战略的形成。加入 WTO 让中国经济不可逆转地走向了开放，带来了十多年的繁荣。所有这些，笔者的总结就是，把改革搞对（详见本人旧著《乱世中的大国崛起》中的文章《把改革搞对》）。

非常客观地讲，中国还没有完全形成一套非常确定的、成型的中国经济模式。所谓中国模式仍在打造之中，我们有理由相信，中国模式一定会出现，且尚未成型的中国模式并不阻碍发展中国家揣摩中国的经验。由中国推选出一位世界银行的行长，可以最直接地把中国的宝贵经验传递给发展中国家。

由中国人担任世界银行行长的另一个重要意义就是，让中国的发展道路更加普遍地被全世界尤其是发展中国家的朋友认同。当全世界越来越多的国家认同甚至于实践中国的发展道路时，中国在世界上的朋友会越来越多，中国在一些国际经济、政治问题上将变得更加有感召力，这对于中国在未来世界的定位毫无疑问是至关重要的。

IMF 总裁与世行行长职位的差别

为什么在 IMF 总裁的问题上，中国并不积极也不应该积极，而在世界银行行长的问题上，必须要积极争取呢？原因是，IMF 主要的运作对象就目前来看是发达国家，而 IMF 改革等方面的推动对中国而言，短期来看并不是至关重要的，如在中国投资份额的上升以及人民币是否纳入特别提款权货币篮等问题上，中国不急，而发达国家更着急，他们有自己的利益考虑。最重要的是，与国际货币体制相关的一系列问题，不可能在 IMF 这样的国际组织内部通过谈判的方式来决定。相反，这些格局化的变动，只能通过市场的变化来确定。也就是说，IMF 总裁的位置是好看而不实惠的。

相反，世界银行行长的位置来得更加重要。事实上，在任 5 年，佐利克作为一个极具战略眼光的、来自于美国的世界银行行长，的确发挥了很大的作用。他提出要在世界银行这个平台上更多地引入中国人，力推林毅夫担任世界银行的高级副行长兼首席经济学家，也不断呼吁各国要关注非洲的发展问题等，这恰恰证明了世界银行行长位置的重要性。

力争行长位置的两大理由

既然世界银行行长位置如此重要，那中国要如何与西方人据理力争呢？我认为，有两个理由要紧紧抓住。

第一是告诉西方，今天的世界已经改变，今天世界的主要增长点来自于中国，发展中国家的增长速度远远超过发达国家，发展中国家的经济比重已经基本超过发达国家，更何况，世行的工作对象是发展中国家，因此，由欧洲人掌控IMF、美国人掌控世界银行的格局必须改变。这是历史的必然，也是大势所趋。

第二，我们同意应该让最合适的人担任世界银行行长这一原则，也就是说，应该选人而不是选国家；同时，我们也强调，一个候选人的背景也是其资格的重要组成部分。如果一个候选人的职业生涯和生活经历都在发达国家，他怎么能够理解穷国的基本问题呢？相反，一个来自于像中国这样一个从前非常贫困，而今天取得了迅速发展的国家的候选人，对于发展的问题以及如何解决贫困的问题，会有着最直接的观察和体验，这就是他的资格。因此，中国方面应该可以理直气壮地讲，推举一位中国的候选人就是考虑到了要推选最合适的候选人这一原则。

最后，也必须认识到，中国方面有一位非常合适的候选人，他已经在世界银行工作了近 4 年，也在世界银行中发挥了出色的作用，他就是世界银行的资深副行长兼首席经济学家——林毅夫博士。他既了解发展中国家的问题，又有深厚的学术基础，更是对世界银行这一国际组织有直接的管理经验，所以，中国方面完全可以按这个思路推举林毅夫担任世行行长。

综上所述，在世界银行行长的人选问题上，笔者的建议是，中国方面应该积极努力。同时也应该看到，要实现中国的意图，其中的阻力是不小的，但中国也应迎难而上。这里，我们可以回顾和借鉴中国申办奥运会的经验，那就是，要经过不懈努力和挫折才会最终胜利，而挫折和困难不应成为不努力的借口。

在迪拜看到中国力量①

尽管目前是走出去的好时机，但是投资海外有几点要注意。比如国有企业，由于其身份的特殊性——尤其是资源类行业的企业——它们的投资会被认为带有政府收购目的，经常招来当地政府、社会的警惕眼光，所以国企主导的资源投资常常不太顺利。从现阶段看，我们可以通过与一些投资银行、民营企业等合作，成立投资基金或新的企业来进行海外投资，避免单一企业进行大宗并购。在并购中，还要增强全方位运作，注重对当地政府和交易关联方股东的游说，此外，还要加强当地舆论引导，更加强调并购的商业性而非战略意义。

迪拜是海湾地区中心，又处于亚非欧中间，是一座世界级的航空枢纽。笔者前往欧洲或非洲参加国际间交流活动时，经常需要从此地转机。这些年来，笔者在这里看到越来越多的中国同胞，不管是免税店还是特产店里，随处都有会讲中文的服务员。最奇妙的是，每次笔者都会碰到我们清华大学经管学院的学生。看来，中国企业走出去的步伐，在很大程度上已经远远超出了我

① 原文载于《南方航空》，2013 年 5 月。

们很多人的预估。

由于中国是新兴市场国家，对原料资产的需求将会持续相当长的一段时间，所以非洲的资源类企业成为投资热点不足为奇。而金融危机后，欧洲等发达国家的制造和 IT（信息技术）企业也开始被中国人关注，在迪拜转机的企业家们无疑正是看中了这些投资机遇。如果说中国将成为全球第一大投资者，笔者并不奇怪。

尽管目前是走出去的好时机，但是投资海外有几点要注意。比如国有企业，由于其身份的特殊性——尤其是资源类行业的企业——它们的投资会被认为带有政府收购目的，经常招来当地政府、社会的警惕眼光，所以国企主导的资源投资常常不太顺利。从现阶段看，我们可以通过与一些投资银行、民营企业等合作，成立投资基金或新的企业来进行海外投资，避免单一企业进行大宗并购。在并购中，还要增强全方位运作，注重对当地政府和交易关联方股东的游说，此外，还要加强当地舆论引导，更加强调并购的商业性而非战略意义。

同样，对于制造类的企业，一定要量力而为。国外工会的力量太强大，劳资关系处理不好就变为“中国欺负美国的工人阶级”；此外，稍不留意国外的环保等法令都会把人拖入令人精疲力竭的诉讼纠纷。如果我们在海外并购时，纯粹抱着“抄底”心态，缺乏对自身管理能力的评估和对企业长远战略的规划，很容易遭遇惨败，这方面上汽集团有过惨痛教训。另外，国外的品牌过剩，比如说通用汽车就有六七个品牌。那么，别克品牌是不是可以卖给我们呢？我们找人重新设计，在国内搞好以后再出口非洲。总之，在制造业，技术和品牌的价值远远高于生产能力的价值，品牌可以买、技术可以买、资源可以买，但生产能力不要碰。

再者，不一定要像吉利（浙江吉利控股集团）那样，去并购海外大企业，而应该多关注发达国家的一些家族企业，用我们民营企业的力量去整合一些有核心技术、有独特市场优势的中小企业。像跟汽车厂相关的工程咨询公司，我们完全可以用一部分的外汇储备，通过某种方式合作。

对于有条件的民间力量，笔者同样鼓励它们直接或者间接投资于境外的证券市场，不论是股票市场，还是债券市场。为什么这么讲？因为不管是企业收入还是就业收入，已经紧密地跟中国经济结合在一起，中国经济如果这两三年转型不利，难免出现更多的波折。东方不亮西方亮，海外市场能够在投资方面进行有益补充。所以，笔者经常跟朋友们开玩笑说:“你买卡宴之前，要先买保时捷的股票。2009 年欧债危机后保时捷的股票跌到 40 多欧元一股，现在75 欧元左右。如果此时回过头再买车，你就相当于没花钱了。”

Chapter Two

第二章

改革新共识——驶向深处的中国经济

中国经济正在发生静悄悄的革命①

中国许多宏观经济指标正在发生变化：居民劳动收入、居民消费占GDP的比重开始上升，劳动工资增长提速，居民收入增长速度超过GDP。这些表象的背后是农村剩余劳动力不断减少，劳动工资正在补涨，过去劳动生产率增速高于工资增速的格局已经逆转。这一趋势性变化将影响中国经济的方方面面，企业利润率与国际竞争力会逐步下降，物价面临长期上涨压力。对这些冲击，政策制定者和企业界要做好应对准备。本质上讲，这场静悄悄的革命是市场机制所带来的进步，是中国经济发展的未来动力，各界都应拥抱这一革命性变化，利用好这一结构调整的机遇，把中国经济实力提升到新的水平。

中国经济当前处于什么状况？对此，当今社会，包括学术界、政策界比较流行的观点是，中国经济困难重重。其理由是，中国经济结构的调整举步维艰，发展方式的转变极为困难。

这种观点尽管十分普遍，但经不起推敲。事实上，中国经济正在发生一

① 原文载于《新财富》，2013年1月。

场静悄悄的革命，而这场革命正在改变中国经济增长的动力、发展的格局以及在世界上的地位。对此，政策制定者以及企业家必须及早认识，以免错失下一轮经济增长的机遇。

静悄悄的革命：宏观经济指标之变

中国经济静悄悄的革命，突出表现为若干主要的宏观经济指标正在发生变化。

长期以来，居民劳动收入占 GDP 的比重不断下降，但是从 2008 年开始，这一情形开始反转。2010 年，这一比重已经从 2008 年的 41%上升到 48%。2010 年的上升趋势略有放缓，这是因为统计口径发生了变化，即，国家统计局对于规模以上企业的认定标准有所提高，使得一些中小型的劳动密集型企业没有纳入正规的统计渠道，而这些企业的劳动工资与企业销售的比值远远高于规模以上的企业。

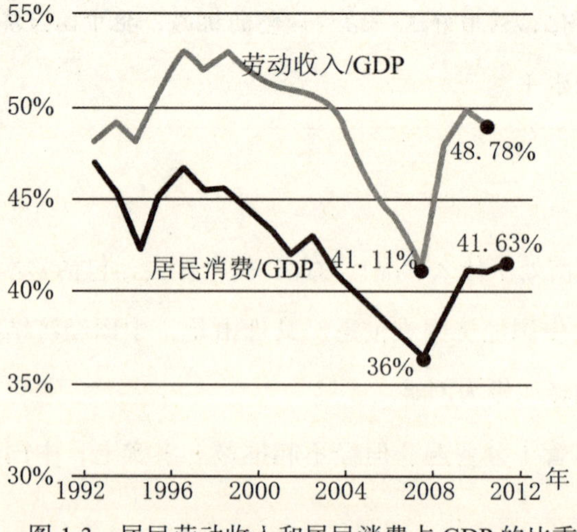

图 1-3　居民劳动收入和居民消费占 GDP 的比重

数据来源：李稻葵、徐翔，“中国经济结构调整及其动力研究”，清华大学中国与世界经济研究中心工作讨论稿，2012。

居民可支配收入占GDP的比重也在上升。这种上升并没有完全被国家统计局的数据反映，其原因是国家统计局的数据依赖入户调查，而自2007年起，入户调查的大样本又发生了大变化。种种证据表明，这一变化使得原来就比较突出的入户调查仅仅覆盖中低收入群体家庭而不能反映整个中国家庭收入分配的全貌这一问题更加突出。

居民消费占GDP的比重同样出现了令人吃惊的逆转。根据清华大学中国与世界经济研究中心的研究报告①，仔细矫正过的居民消费占GDP比重自2007年起逐年上升，截至2011年已经上升至接近42%。

劳动工资，尤其是蓝领工人的工资水平不断上涨，其年增长速度在很多地区达到20%以上。笔者曾在浙江金华地区进行调研，发现这一地区的出口制造企业过去一年的劳动工资增长速度达到了30%，企业面临着要么失去熟练工人，要么提高工资的两难境地。

居民收入增长速度超过名义GDP。2010—2012年这3年来，这一格局已经明显形成，2012年尤其如此。2012年1—10月，农村居民纯收入增长速度高达12.3%，城镇居民收入增长速度高达9.8%，均超过实际GDP增长速度。

外贸顺差占GDP的比重稳步下降。金融危机前，外贸顺差占GDP的比重高达8.8%，但截至2011年，已经下降到2%。外贸顺差总量则从危机前的3900亿美元下降到2011年的1500亿美元，2012年这一数字略有上涨，1—10月上升到1800亿美元，占GDP的比重预计为2.2%左右，全年外贸顺差预计回弹到2.5%左右（以全年外贸顺差达到2200亿美元计算，实际GDP增长

① 李稻葵、徐翔，“中国经济结构调整及其动力研究”，清华大学中国与世界经济研究中心工作讨论稿，2012年。

7.9%，通胀 2.7%，汇率升值 3%）[①]，但是未来若干年顺差占比下降的趋势不变。

深层原因：劳动力供应大逆转

以上一系列结构变化的表象背后，蕴含着经济运行的深层次原因，而这一深层次原因说白了就是中国劳动力市场的大逆转。

过去 20 年，尤其是过去 10 年，随着大量的农民工涌向城市，劳动力从农村的闲置状态或者是生产效率较低的农业部门，转向生产效率迅速提高的制造业、建筑业部门，这一方面使得中国的劳动生产率整体上不断提高；但是另一方面，由于农村仍然存在相当充足的剩余劳动力，因此，劳动生产率与劳动工资增速的差距越来越大，这就导致企业的利润不断上涨。

不过，这一趋势在金融危机爆发前后已经开始逆转，其根本原因是农村的剩余劳动力不断减少。根据笔者和徐翔的研究，农村剩余劳动力已经从 2004 年的 1.5 亿人下降到 2012 年的 3000 多万人。

在这种情况下，中国的劳动工资正在补涨。近年，劳动工资的增长速度明显超过 GDP 增速，甚至于超过了劳动生产率的增速。这一变化带来了劳动收入的上升，带来了居民可支配收入的上升，带来了消费上升等一系列变化。这就是中国经济静悄悄的革命最根本的依据。

---

① 此数据为 2013 年 1 月预估数据，后据海关统计，2012 年外贸顺差 1.46 万亿元（2311 亿美元），另据国家统计局公布数据，2012 年 GDP 为 51.93 万亿元，外贸顺差占 GDP 比重约为 2.8%。——编者注

巨大影响：涉及经济的方方面面

中国经济的这一趋势性变化自一两年前萌芽，它强大的影响力还波及中国经济的方方面面。工资的上涨速度势必会逐步赶上并超过劳动生产率的上涨速度，因此，企业利润率会逐步下降。劳动密集型企业的利润，更将会大幅下降。

又比如，通货膨胀的压力会加大。工资水平的提高将使得农民种粮食的机会成本不断上升，因此，农产品乃至食品价格具有长期上涨的压力。在城市，制造业和服务业的劳动成本也在上涨。同时，居民消费上涨又会导致总需求的上涨。这一切都会带来总体物价水平长期上涨的压力。

与此同时，企业国际竞争力的下降也是一个可能的后果。在前述情形下，由于劳动工资率的上涨以及内需市场的扩大，一些出口型企业势必会被挤出国际市场，从而转向国内市场甚至于关闭，一些产业会逐步转移到周边一些劳动工资率比较低的国家，如越南、柬埔寨、印尼。

抓住机遇，推进调整

这场静悄悄的革命，本质上是进步，是中国经济发展的未来动力。如果没有居民收入和消费的上涨，中国经济发展方式的转变从何谈起，中国经济发展的实惠如何才能落实到百姓？所以从根本上讲，中国经济各界都应该伸开双臂，欢迎和拥抱这一革命性的变化。但是，任何革命性的变化都会带来巨大的冲击，因此，方方面面都应做好充分的准备。

对于政策制定者而言，他们要防止通胀，要防止由于农民的机会成本提高带来的农林牧渔产业竞争力的下降，要合理妥善地解决粮食安全和食品安全问题，要协调国内、国外两个市场。由于要应对通胀率长期上涨的压力，货币政策在未来相当长的时间内需要比较审慎。而在粮食问题上，可以逐步与一些自然资源比较丰富的国家探讨长期的粮食供给的根本性安排，如租赁土地等，同时，也需要考虑国际粮食供给的多元化，而不是简单依赖一两个地区或国家。

对于企业界而言，也必须做好劳动生产率增速赶不上工资率增速的准备。利润下降将结束很多高利润行业的暴利时代。从积极的方面来讲，企业必须抓住百姓消费快速增长和升级的重大战略机遇，多元化、全方位地研究居民消费的升级和转型，在蕴藏着巨大商机的旅游、教育、养老、卫生、健康等领域开辟蓝海。

在金融服务方面，因为百姓可支配收入的上涨，对金融服务的各种需求将会更加多元化、个性化。比如说，越来越多的家庭可能希望将部分储蓄布局到境外，金融部门应该认真研究这种需求，抓住机遇乘势发展。

市场机制不可阻拦，只能顺应

从根本上看，这场静悄悄的革命，是中国经历千辛万苦所建立并不断完善的市场机制所带来的。我们不仅不应该阻拦，而且应该欢迎这种趋势，宏观政策以及企业的运作必须顺应这一潮流而不能逆潮流而动。当然，任何的政策也都不能阻挡这一趋势。中国经济决策者所应该做的就是利用好这一结构调整的深刻革命，顺势而为，为实现中国经济2050年的宏大目标打好基础。

十八届三中全会打开中国经济新格局①

十八届三中全会后，中国经济的六大趋势值得关注，包括金融领域的民间资本办银行、百姓出境投资，宅基地流转引发的农民带资进城，户籍改革带来的中小城市良性竞争及房地产价格多级分化，城市管理的市场化与精细化，国有企业向国有基金的转变。如何抓住其中机遇，投资者必须认真研判。

十八届三中全会吹响了全面深化改革的号角。这一改革涉及面之广、决心之大、措施指向性之强，为20多年来少见。如今，在全国范围之内，已经出现新一轮以启动基层改革热情和创造力为特点的上下互动、推动中间的改革新浪潮。那么，在这一轮改革启动之后，中国经济有哪些大变化值得社会各界期待，有哪些机遇值得民营企业家捕捉呢？笔者总结，有六大趋势值得高度关注。

① 原文载于《新财富》，2013年12月。

民间资本办银行，百姓出境投资

金融改革应该说是条件相对最成熟、争议最少、酝酿时间最长的改革。其中，很快将要推出的是全面的利率市场化。当前，利率市场化的条件非常成熟，贷款利率已于2013年7月全面放开，而存款利率在今天理财产品充分竞争的形势下，事实上也基本放开。利率市场化所带来的新局面是，存款利率将全面上升，很可能从年利率3%上升到5%，也就是名义利率基本上保持高于通胀率2%的水平。银行之间争夺存款的战争也将由此公开化。随着存款利率的上升，银行有可能将其部分转嫁给贷款方，因此贷款利率可能出现一定的上涨。对于许多国有企业而言，如利率成本提高，其贷款需求会部分萎缩；对于那些此前愿意接受高利率也得不到贷款的民营企业而言，这实际上是利好。利率市场化将压缩银行的利润空间，银行将进一步加速寻找新的赢利模式，从简单的市场利差服务转为向企业和消费者全面提供各类金融服务。

金融改革最大的亮点将是放开一批中小型、区域性金融机构的准入门槛，尤其是区域性银行。这些机构必然会在自己的所在地精耕细作，利用长期积累的人脉关系，寻找给本地中小型企业贷款的机遇。这些银行的进入，一定程度上会蚕食全国性大银行在贷款市场的份额，届时，大银行的优势会凸显于针对个人的消费贷款、房屋贷款、信用卡服务、理财等全国性业务。与此同时，可以预计大型商业银行将必然走房屋贷款证券化之路，从而盘活其存量资产，充实资本金，从而更好地专注于上述业务。

汇率形成机制改革，是金融改革的另一场重头戏。可以预计，随着中国经常账户余额与GDP之比逐步下降以及美国量化宽松政策逐步退出，未来3

年之内，完全市场化的汇率机制将有可能形成。这里的假设是中国经常账户以及资本账户的余额分别下降到占 GDP 的 1%左右，即中国的国际收支基本平衡。

相比其他金融改革措施，资本账户自由化的影响将最为深远。可以预见，资本账户的自由兑换将有序实行。比如，先出台一些合格的境内个人投资者计划（Qualified Domestic Private Investor, QDPI），比如在单个金融机构的金融资产总额达一定规模的客户，允许其将一定比例的个人资产完全自由地转化为外汇出境投资。这么做的目的，是让有一定风险应对能力的个体先开启出国投资的航程，风险自负。之后逐步推广到全社会，以减少境外投资风险的冲击。同时，这一进程始终要有一个附加性的应急措施，即建立多级防火门：一旦发现短时间内（如半个月之内）有相当数量（如 5000 亿美元）的资产流出，那么，人民币兑换外汇的批准将会延期；如果流出速度加快，可在短期内完全禁止这种资本账户的可兑换。资本账户的完全可兑换将调动百姓新一轮的投资热情，他们将可望关注国外的金融资产，特别是那些根植于中国经济并从中获得大量利润的跨国公司的股票，如宝马汽车、大众汽车、通用汽车、英国石油、力拓等。这相当于让中国百姓分享中国经济发展的红利，让流入外人田的肥水重新流回自己的家园。

农民以土地资源置换金融资产，带资产进城定居

这一轮改革特别强调在一定条件下允许宅基地流转以及在符合规划的前提下允许集体建设用地与政府用地平等入市，这等于开启了农民获得资产性收入的大门。更重要的是，这让农民可以离开土地，带着金融资产进城。

经济学界与政策界长期辩论的一个话题是，转让了宅基地或者集体建设用地股份的农民，会不会短期内挥霍掉自己的财产性收入从而变为失地农民，进而成为社会福利体系的包袱。答案毫无疑问是从理论中争论不出来的，只能在实践中摸索。不同地区的农民有不同的市场经济理性。江苏、浙江等沿海一带的农民在市场经济中游刃有余，恐怕不会出现以上情形。但在其他地区，这或许是一个令人担忧的难题。

在这方面，世界各地有很多成功的经验，如日本和中国台湾地区。为了避免产生大量失地无业农民，有一种可行的办法是，建立农民土地基金，要求农民出让宅基地或集体建设用地时，只能换取短期不可转让的基金份额，而不能获得现金。这一基金既可以投资于相关企业的股份，也可以长期持有土地，从而获得租金收益。这种基金可以由有关部门长期公开透明地运营管理，并由上级财政监督且保底。农民持有这种基金，可以长期比较稳定地获取现金流，从而规避了短期挥霍掉资产性收入的危险。持有这种土地基金份额的农民可以自由地迁徙，进城打工、定居等。通过这种基金方式的运作，一方面可以使土地流转起来，另一方面也可以让农民在获得一定保障的基础上进城，体面地成为城镇市民，避免成为城中贫民。

户籍改革启动城市良性竞争的大门，经济地理格局再次剧变

十八届三中全会决定，户籍体制将不同程度地放开，尤其是中小城市户籍原则上完全放开。当中小城市的户籍不再是一个限制因素的时候，成千上万百姓将能够自由迁徙，劳动力市场将成为城镇化的决定因素。百姓的迁徙既取决于各个城市提供良好就业的能力，也取决于其提供医疗、教育等公共服

务和社会福利的能力。可以预计，一大批中小城市将使出它们招商引资时的法宝，吸引来自全国各地的移民。这种良性竞争将使一大批中小城市逐步发展成为大型城市。

那么，什么样的城市将脱颖而出呢？这其中肯定有一定的随机性，如取决于某些城市领导人的战略眼光，但也必然会有一些规律性。笔者估计，那些生态条件较好、离大城市相对较近、在高铁沿线，尤其是沿海和南方的城市将有可能胜出。伴随着一批中小城市逐步演变为大型城市，中国的经济地理格局将再次剧变。

房地产出现多级分化的新格局

特大型城市如北京和上海的房地产限购政策将持续。对这些城市而言，限购事实上已经变相成为与户籍政策互补的限制人口大规模流入、避免生态环境危机的基本措施。这部分城市面临着城区面积有限、盘活存量土地成本较高的难题。而与此同时，其产业聚集能力将按照经济发展的一般规律持续上升，新的高科技企业、金融企业等机构仍会选择在这里发展，当地职工的收入增长速度仍会较快。因此，这些城市的房租仍会提高，房价仍有上涨压力。

与此相反，中小城市将出现分化。一部分竞争力强、生态环境好、人口聚集快的城市，房地产价格将持续上涨。而另一部分城市由于产业规模的相对萎缩，地产价格将会下降，一些城市甚至会出现地产泡沫的破裂。这对银行业和相关个人会产生一定影响。但中国经济毕竟是增长型经济，在增长的过程中，银行可以逐步化解这一影响。从这些城市逃离、迁徙至就业条件更好区域的居民，则只能通过日益增加的可支配收入弥补投资损失。

市场机制引入城市精细化管理

十八届三中全会提出发挥市场在资源分配中的决定性作用，同时加强政府的职能。这指出了未来城市管理的一个基本方向。当前，城市管理仍然依赖大量行政手段，市场机制没有完全发挥作用，这种格局将会逆转。

一个具体表现为，城市的交通将会更加市场化，拥堵费将会逐步推行。有人认为，拥堵费对于公车一族不起作用，但是，随着省部级以下官员不配公车的政策推行，未来公车的比例将大大缩小，这为拥堵费推出创造了条件。北京、上海、广州的车牌管理也将市场化，像上海那样以市场为基础的车牌拍卖形式有可能在全国逐步推开，靠摇号获得车牌的体制弊端已充分暴露——越来越多的居民不堪等待摇号中签之苦，宁可花钱购买牌照，因此号牌的市场化越来越被接受。为了避免投机行为，有一种办法是以后每一块车牌只能使用10年，满10年后重新投入拍卖，10年之内可以转让，这样存量车牌也可以流通，每块车牌的费用将不会像上海那样令人望而却步，同时也减少了炒作号牌的空间。

此外，今后城市的垃圾费也会通过小区对居民进行征收，让居民有意识地减少垃圾排放。水价将会提升，这取决于各个小区中水处理的效率，效率高的小区将获得较为便宜的水价。电价不仅将普及按用量区分的阶梯电价，峰谷定价也会推广。

国资退出国企，大规模转变为国有基金

国有企业的改革方向在十八届三中全会中已经指明，那就是进一步厘清政府和企业的关系。国家将以管理国有资本为方向，这就意味着国资委将退出大量国企，而转向管理相对独立运行的国家基金。各个国家基金将交叉持有包括国企在内的各个企业的股本，而财政部和国资委将通过管理这些基金获得稳定的财政收入。

这一改革的另一个推论是，未来国企的众多高级管理人员将不再由政府直接任命，也不再享有行政级别。他们大多数会作为职业经理人，工资与业绩挂钩，由市场机制决定。这种改革能够绕开国企内部人持股、国有资产流失等难题，未来各个国有基金将会根据市场原则对相关经理人进行股权激励。如此，国有企业与民营企业的界限将逐步地消失。

民间资本迎来投资重新布局的机遇

那么，综合以上六大趋势，投资者可以进行哪些准备呢？应该说，随着众多领域的开放，民营经济的投资领域将会出现前所未有的开阔局面。比如，民营投资者可能通过开发农村建设用地，参与土地一级市场的开发。目前对民企关闭的电信行业，未来可能开放，尤其是4G领域。中小型金融机构已成民营资本的追逐热点，而资本账户的可兑换则意味着投资者可在全球范围内布局金融资产。城市管理的精细化意味着许多城市建设将引入民营投资者，

BOT[①]等经营方式将进一步用活。总体说来，未来几年，中国经济发展的格局将发生重大变化，企业家和投资者今天必须认真研判、做好准备，才能抓住新一轮机遇。

① BOT：私人资本参与基础设施建设，向社会提供公共服务的一种特殊的投资方式，包括建设（Build）、经营（Operate）、移交（Transfer）三个过程，即建设—经营—转让。——编者注

结构调整的关键时期已经来到①

中国经济不用担心硬着陆，但是，过去多年来带病高速运行的中国经济已经进入结构全面调整的关键期。2011年之后的两到三年，经济增速下滑、3%～5%的温和通胀会使企业经营压力高涨。要保证这一时期经济的平稳调整，财政政策应当从“宽”，货币政策应当从“紧”，但根本是要促进改革，包括调整中央和地方的税收结构，实行结构性减税，推进国企改革，扩大直接融资比重等。

2011年，国外的媒体一反看高看好中国经济的捧杀态度，论调转为普遍的唱衰，认为中国经济将会出现硬着陆，甚至会出现日本式的长期衰退。一时间，硬着陆成为国际媒体对中国经济的基本看法。

笔者认为，中国经济不会硬着陆，但是，经济结构调整的关键时期已经来到，从2011年下半年开始，之后两到三年，中国经济进入一个增长速度相对放缓、通胀压力持续高涨的调整期，如果经过努力能够调整到位，将为未来一二十年经济的健康发展和持续调整提供坚实的基础。

① 原文载于《新财富》，2011年8月。

为什么中国经济不用担忧硬着陆

首先，我们分析经济增长速度。中国仍然是一个相对贫穷、人均GDP仅在5000美元左右的经济体。在这一人均发展水平相对落后的阶段，仍然存在大量尚未满足的需求，市场经济自然的扩张性仍将比较突出，比如说，仍然有大量的劳动力愿意在工资率略有提高的情况下增加劳动时间；再比如说，仍然有大量的公共性建设必须完成。

其次，与此相关的是，中国仍然是需要学习的赶超型经济体，大量的先进技术、商业模式仍然可以向国外的先进市场经济学习、模仿和赶超，因此，生产效率可以大幅度地提高。

最后，中国经济是一个大国经济，这与日本和韩国有很大的不同，中国有着极为广阔的内陆市场，如西部相对贫困落后的省份，不仅能够承接东部的生产能力，而且能够消化中国经济许多相对过剩的生产能力。

以上三点，即，人均发展水平相对落后、赶超型经济和大国经济，决定了中国经济在未来一个相当长的时期内仍然可以保持较高的增长率，比如接近9%的增长速度的潜力。更具体地讲，未来中国的三件大事将为经济的增长提供一个底线。

第一，城市化。中国的城市化率，包括城市的常住外来务工人口，仅仅达到50%，比相应发展水平国家的城市化率整整低了12个百分点，也就是说，除了正常发展带来的不断上升的城市化率，中国还有大约12%的空间可以利用。经验表明，城市化率每提高一个百分点，能够带来2%以上的GDP增长速度。

第二，与城市化密切相关的是，由于人口众多，同时适于人口居住的国土面积相对有限，可使用国土的人口密度非常高，因此，中国仍然有大量的国土建设需求，如水利、抗震等其他防治地质灾害的建设。这一系列的建设将直接拉动民众的物质生活水平和生命财产的安全感，也是经济增长的基本动力。

第三，中国的消费在未来相当长一段时间有望持续提高，因为现在劳动力收入占 GDP 的比例有逐步回升的态势，这意味着居民的可支配收入在上升，也意味着居民的消费和零售总额在上升。

总之，中国经济增速未来下降的底线是有保证的，下滑到 8%以下是不太可能的。

既然经济增长速度的下降是有底线的，那么，中国在未来两三年内会不会出现恶性的通货膨胀，从而导致滞胀这一难题呢?

其实，这种恶性通货膨胀发生的可能性微乎其微。

从根本上，中国经济已经摆脱了 20 世纪 80 年代中期到 90 年代初期那种总体有效需求迅速扩张的局面，中国经济今天的一个基本态势是生产能力，尤其是制造业的生产能力相对过剩，而总体的有效需求是不足的。在这种情况下，即便是国际原材料价格快速上涨，制造业企业仍然有能力消化吸收相当一部分成本上升的压力，不太会完全转移给消费者。

从农业的角度来看，中国农业生产的基本条件在不断改善，基本农产品的产量持续增长，因而不会长期出现农产品价格高速上涨的情形。事实上，2011 年前后猪肉价格大幅度波动，并不是生猪生产的基本面有问题，主要是制度创新没有跟上，没有像保护粮价一样给农民提供一个长期的生猪收购价格底线，让农民养猪的生产决策面临过多的不确定性，影响了生产积极性，直接带来的是猪肉价格的大起大落。

总之，中国经济不具备恶性通胀的压力，20 世纪 80 年代中期到 90 年代初期两位数的恶性通货膨胀是不可能再出现的。

综上所述，中国经济不会出现硬着陆。

中国经济已进入结构调整关键期

尽管中国经济不会硬着陆，但是结构调整的关键期已经来到，2011 年之后的两到三年，中国经济的增长速度必然有所放缓，温和通胀压力持续存在，更重要的是，中国经济的结构和发展方式将进入一个全面调整和转变的关键期。

为什么说经济结构调整的关键期已经来到？根本的原因是过去 10 年来，尤其是应对金融危机的刺激性政策实施以来，经济发展的一些根本问题已经非常突出，必须从本质上解决，但是经济却在高速运行。好比带病高速运转的机车，不可能持续，必须减速修理。其中最突出的是过去 17 年来财政体制基本没有改革，这产生了不可持续的地方土地财政的局面，潜藏了地方财政的危机。解决这一问题必须有实质性的财政体制改革，而改革的过程不可避免地会出现增速放缓和结构性通胀压力上升。

这种关键调整期的第一个表象就是经济增长速度有所放缓。增长放缓的最主要原因就是投资冲动在放缓，投资冲动放缓的直接原因是地方政府的投资来源将有所改变，量上会有所下降。

中国经济中，地方政府是投资的主要推手，也是投资冲动的放大者。地方政府在过去一段时期，尤其是过去 3 年，主要通过两个机制为其快速增长的固定投资融资。第一是土地出让的收入，地方政府靠出让土地所得，快速从开发商处获得收入来经营城市。但是，由于十多年来房地产的过快发展，房地产价格的飙升带来了深刻的社会矛盾，因此，房地产市场的调整不可逆转，房地产价格年复一年两位数高歌猛进的时代一去不复返了，这将直接导致地方政府通过土地转让获得快速融资的机制逐渐消失。

与此密切相关的是第二个机制。2008年以来，地方政府通过各种方式，利用自己手中的企业来融资，即所谓地方融资平台。如今地方融资平台的调整，必然会带来地方政府融资量的下降。地方政府融资往往占到总体固定资产投资的20%，而地方土地财政至少能够影响整个地方政府50%的固定资产投资，因此，占整体固定资产投资10%的投资项目出现负增长是非常有可能的，这很可能会导致GDP增长速度下降1.5%，即GDP增速从过去10年的年均10%以上降到8.5%左右。

经济增长速度下滑的另一个重要原因就是企业所面临的成本压力越来越大。蓝领工人的工资成本不断上涨，由于农村剩余劳动力基本转移殆尽，越来越多的企业不得不直面越来越高的用工成本；同时，国际原材料价格在不断上涨，这都使得过去十几年以来中国企业得以迅速扩张的低成本优势正在逐步地消失。

总之，高固定资产投资和劳动力成本优势在中国正在逐步地消失，由此带来中国经济的增长速度会有一定的下滑，8%～9%的增长速度在未来两到三年是可以预见的，这和金融危机之前11.2%以及金融危机之中9.7%～10.3%的增长速度相比是明显下降了的。

未来中国经济的另外一个表现，就是物价温和上涨的压力持续存在。温和通胀的原因，一是热钱的涌入。由于西方国家短期内很难摆脱债务危机，因此，扩张性的货币政策在主要国际货币发行国将会持续存在，国际原材料的整体价格也会上涨，这对中国的物价控制而言毫无疑问是个长期存在的背景压力。二是中国自身的相对价格调整在所难免，比如说能源和资源的价格需要调整，而这种价格调整往往会带来整体的物价水平的提高，这是我们过去改革30多年的基本经验所反复验证的。

由于温和的、3%～5%的通胀压力持续存在，中国想恢复经济危机之前2%的低通胀局面是很难的了。经济增速的放缓和通胀压力的上涨，这一切既是中国经济结构调整的动力，也是结构调整的一个结果。相对低的经济增长速度与温和的通胀，会使相当一部分企业感到经营的压力高涨，尤其是出口型企业，将会继续面临不断上升的经营压力。这个过程中，一部分企业会破产、职工会面临重新择业，还有一部分出口的企业会转做内销，这一切的一切就是未来两到三年中国经济全面调整的最根本的格局。

宽财政、紧货币、促改革

在这艰难的调整的过程中，政府的政策毫无疑问是至关重要的。财政政策在未来两到三年的调整期内应该保持宽松的态势，中国的财政完全具备提高支出、承担一定赤字的“宽”财政的能力，支持经济结构调整。事实上，中央政府的财政情况远远比政府自己所想象的好，但这并不意味着中国的财政体制不需要改革，恰恰相反，财政改革也许是整体经济结构调整最大的重头戏。为此，需落实结构性减税的措施，推动居民可支配收入更快上升，拉动居民消费。中央向地方无条件的一般性财政转移支付也需要大大加强，以缓解部分地区的财政压力。同时，非常有必要试点各级政府的资产负债表管理，改革纯粹以现金流为目标的财政管理体制。中国政府与西方政府的重要区别是我们的政府直接拥有大量经营性资产，因此我们的政府必须时时评估自己的资产负债情况。资产负债情况良好同时财政管理有效的地方政府应该被容许试点直接发行地方债，试点成功之后再由全国人大考虑修改《预算法》。

税收方面的改革也是紧迫的。在中国经济现有的条件下，对企业征税的成本远远低于对个人的征收成本，同时，企业税收也有促进企业与地方政府良性互动、促进企业发展的作用，而个人所得税相反带来了广泛的不满。个人所得税被看成是对高收入者的惩罚而不是鼓励，而企业税是对高纳税企业的一种鼓励，是企业获得政府帮助的一个机制，这是中国经济过去 30 多年快速发展的一个基本经验。这一点中国与西方发达国家有根本的不同。税收方面不能简单地照抄西方教科书的经验，中国公共财政的收入基础不会也不应该是个人所得税。

与“宽”财政政策形成对比的，是“紧”的货币政策。由于热钱会大量涌入，再加上中国间接融资的比重已经非常之高，而且货币存量高居世界第一，因此，在未来两到三年的中国经济调整期，货币政策应该是不可避免地持续从紧。持续从紧的货币政策可以应对热钱的涌入，也可以化解历史上所形成的宽松的货币存量的局面。适当从紧的货币政策也是避免重蹈日本资产泡沫覆辙之必须。这也可以为相关的经济结构调整提供一定的压力和帮助。

经济结构调整的关键期，重点是全面改革。

比如，企业的改革，尤其是国有企业改革具有巨大的空间。国有企业当前仍然存在运行机制不够灵活、高层管理不够稳定的基本压力，股权改革、产权改革以及适当地增加高层持股是未来国有企业改革的基本方向。

金融方面，必须要扩大直接融资的比重，同时探索资金双向流动的资本账户改革思路，其中核心的是让中国的百姓和企业更加自由地将自己的存款转化为外币流出。

总之，经济发展的根本性矛盾已经不可调和，经济结构调整的关键期已经来到。今后两到三年是中国经济是否能够在未来保持一个较长久增长的关键期，充满了巨大的挑战，如果政府和企业等各个方面能够紧紧抓住这一机遇的话，将为未来中国经济的长期和健康发展奠定坚实的基础。

期待新改革元年①

2011年世界经济恢复的步伐可能出人预料地强劲，中国经济则能保持9.5%以上的增长，物价涨幅能够控制在4%左右，收入分配恶化等问题在宏观层面上也可能得到缓解。而2011年最值得期待的，是中国能够在房地产市场机制、公共财政体制、宏观调控机制等若干重大改革领域取得实质性进展，从而使这一年成为中国的“二次房改”元年、中央与地方财政关系理顺元年、宏观调控方式改革元年。

人类的历史就是一个又一个年轮的累积。在这一道又一道的年轮中，有的让人记忆深刻，有的却很快让人淡忘。在中国与世界的历史进程中，2011年会是道什么样的年轮？2011年值得我们有怎样的期待？

笔者认为，2011年有可能成为世界经济快速恢复的一年；更可能成为中国经济平稳增长的一年，同时也是中国经济结构调整步伐加快的一年。但是，仅仅这些不足以让2011年成为中国历史上让人记忆深刻的一年。笔者的期待是，2011年能够成为后危机时代新式改革的元年。笔者期待，2011年的中国

① 原文载于《新财富》，2011年1月。

在若干重大领域推出新的改革举措，以崭新的方式重启改革的议程，从而为未来较长时间内中国经济的持续增长打下坚实基础。

世界经济较快恢复的一年

2011 年的世界经济很可能超过预测家们今天的预期，其恢复的步伐有可能出人预料地相对强劲。为什么这么说？笔者认为，2011 年世界经济的主要支撑点有可能出现健康有力的恢复。

在美国，2011 年有可能成为金融危机后经济增长最快的一年。在二次量化宽松政策以及奥巴马政府与“瘸鸭子”国会达成的减税计划的强劲刺激下，美国经济有可能出现接近 4%的增长，失业率有可能出现比较显著的下降，从当前的接近 10%降到 9%左右。美国的企业现在处于盈利水平较高、现金储备充足的状态，随时有可能追加投资。美国的房地产，尤其是经济恢复较快区域的房地产，则有可能在 2011 年第一季度触底反弹。同时，由于股市会在量化宽松政策的推动下出现持续的上涨，这会进一步缓解资产负债表破损的金融机构的困境。

在欧洲，尽管主权债务危机的大戏还可能反复上演，但是我们必须看到，欧洲经济的支撑点，不是出现了债务危机的小国，而是德国。2011 年德国经济完全有可能以 3%的速度平稳增长。德国是欧洲经济的中心，解决欧债危机的金钥匙掌握在德国手中。德国既是欧洲经济进一步一体化的受益者，也是欧洲不良债务的主要持有者，因此，2011 年，德国很有可能更加积极、全面地介入欧洲财政困难国的经济调整，并更加乐于扮演欧洲经济警察的角色。所以，2011 年整个欧洲的情况有可能相对稳定。

而包括中国、印度、巴西、俄罗斯等在内的新兴市场国家，2011年完全有可能持续当前强劲的增长步伐，继续引领全球经济的增长，其平均增长速度达到6%以上，应该不会有太大的疑问。因此，世界经济环境总体上讲是好的。

当然，世界经济在2011年最大的不确定性就是通货膨胀。在美国、欧洲、日本超级宽松货币政策的引导下，包括原油在内的国际原材料价格很可能出现巨幅的上升，这对中国这一处于工业化、城市化热浪之中的发展中国家，毫无疑问会带来巨大冲击。

中国经济有望平稳增长

2011年的中国经济完全有望持续过去两年平稳且较快增长的态势。当前，中国企业的盈利处于非常高的水平，流动性依然十分宽松，中西部地区内需增长迅速，基础建设需求，包括高铁、地铁、高速公路、机场，以及应对自然灾害的国土投资，如水利等建设，依然需求强劲。因此，笔者预计，中国经济在2011年能保证9.5%以上的增长速度，而这一增长的动力很有可能主要来自中西部地区。

2011年中国的物价应该能够控制在比较合理的水平。因为中国今天的物价上涨主要来自成本的上升，包括国际原材料价格的上涨、劳动用工成本的上升，这与20世纪80年代末90年代初需求过快上涨的典型通货膨胀的产生机制完全不同。在总供给相对充足、总需求成为增长短板的大环境下，这种成本上升的压力不至于演变为全面的、高速的价格上涨。在货币政策转型、针对个别农产品等生产领域成本过高所出台的供给政策的引导下，中国有可能在2011年下半年出现消费物价指数回落到3%左右水平的局面，全年的消费物价应该能够控制在4%这一公众基本可以忍受的水平。

特别值得强调的是，中国经济在2011年很有可能出现一个比较全面的、健康的发展局面，经济结构的战略调整可能出现一定进展。居民消费增长有可能在过去十几年以来第一次取代出口、取代投资，成为整体经济增长最大的推动力；而贸易顺差有可能基本保持2010年的水平，也就是处于2000亿美元之下，这意味着，中国2011年贸易顺差占GDP的比重很有可能降到3%以下，如此，中国毫无疑问将会成为世界经济结构调整的榜样。

同时，2011年收入分配恶化的局面有可能在宏观层面上得到缓解。劳动工资的增长速度完全有可能继续超过GDP增长速度，劳动收入占GDP的比重也有可能继续上行；在农民工工资上涨的带动下，农村居民的纯收入增长水平有可能继续领跑，超过城镇居民收入水平的增长。推动这一切良性变化的主要因素，是市场经济自身的调整能力。以劳动工资为例，中国农村剩余劳动力已经逐步转移殆尽，劳动工资自然会在市场力量的推动下不断上升，而被压抑多年的消费也会在居民储蓄相对充足的大前提下逐步释放，这是居民个体理性决策的结果，也是市场经济运行的基本机制所致。

总之，2011年中国经济不仅有可能出现平稳且较快增长的局面，更可喜的是，结构调整也将开始出现一些良好的势头。

重启全面改革最值得期待

如果2011年中国经济仅仅出现平稳且较快增长，结构调整仅仅出现进展，那么，这一年不可能在我们的记忆中长存。笔者的期望是：2011年的中国能够在困扰国内经济运行的重大问题上，出台一些根本性的改革措施。眼下，在社会各界的呼吁下，一些改革措施已经初见端倪，一些改革方案的论证也已经逐步成熟。

1. 房地产业的新改革措施

房地产业，毫无疑问是困扰中国经济发展的最重要的一个产业。坚持了多年的房地产调控并没有完全达到预想的目的，究其原因，就是在房地产发展上，思路需要改革，需要改变单一的由政府拍卖土地、房地产商开发，然后完全依赖市场机制分配住房的局面。越来越多的政府官员、企业家以及学者都认识到，房地产业需要一个市场和政府共存的双轨机制。

具体说来，就是需要各地方政府改变以土地出让金为基础的土地财政，从拍卖土地转向经营房地产。其具体的运作模式为：地方政府先行融资，设立房地产基金，以此建设一批由政府长期持有产权的平租房。这些平租房不仅能够通过公开、公平、合理的方式分配给当地最迫切需要住房的居民，以支撑本地的产业升级和经济的健康发展；更重要的是，这些平租房也完全可以成为地方政府长期赖以发展的、健康的收入来源，在条件成熟的情况下，这些政府持有的房屋产权可以在金融市场上进行运作，通过打包上市转变为可流转的资产。

在笔者看来，经过了多年的辩论，各方在这样一个新的房地产发展模式上已经基本达成了共识。这种双轨式房地产体制的推进，也可以称作“二次房改”。2011 年，“二次房改”完全有可能在一批最受现行房地产发展模式困扰的地区率先推开，从而使这一年成为中国的“二次房改”元年。

2. 公共财政体制的改革

公共财政是困扰当前中国经济发展的一个最基本的问题，也是新时代中国经济改革的一个重要“抓手”。中国经济几乎所有的问题，包括地方融资平台风险、收入分配差距拉大以及房地产畸形发展等，根源都可以追溯到当前的公共财政体制。当前的公共财政体制是16年前应对当时的经济问题推出的，16年来，这种改革的红利已经释放殆尽，公共财政体制已经在很大程度上约束了经济的发展。这一问题需要从两个方面来解决。

其一，要理清中央与地方的财政关系。当前的一个基本情况是：中央集中了大量的财力，而地方政府却财力匮乏，因此，不得不以土地出让及不尽规范的银行贷款等方式来支撑当地经济的发展。这毫无疑问是不合理的。需要进行的改革是：中央以更大的力度、在更广的范围之内推行转移支付，而转移支付的量与各地的财政税收量不直接挂钩；相反，与当地的社会建设、民生建设挂钩，这样可以在很大程度上减少地方政府干预本地经济活动的积极性。这种“地方政府干预当地经济活动”的格局，是中国经济过去30多年发展的一个重要“推手”，但是，在今天中国经济以市场经济为基本力量和基本形式的背景下，地方政府过多的干预显然并不合适。

其二，从总体上讲，需要减税。不仅要对企业减税，也要对个人减税，尤其需要推出的是个人所得税的改革。这方面，我们需要改革的不仅仅是提高起征点，还要拓宽税基，即将劳动收入与其他收入合并纳税，同时大幅降低税率。这样的改革能够给百姓带来实惠，并能直接促进中国的消费，改善民生，也有助于纳税人与政府之间形成良性的互动关系。

3. 宏观调控机制的改革

过去十几年来，宏观调控持续成为政府机构工作的重点，在很大程度上讲，这占用了过多的政治资源。现在看来，中国宏观调控的手段和方式亟须改革，而这种改革的呼声和讨论已经比较充分。其中，尤其值得关注的是货币政策在宏观调控中的作用：过去那种仅仅关注银行贷款总额的管理方式需要改革，宏观调控的方式可能会从仅仅管住银行贷款，转为从总体上把握整体经济的金融融资量，把债券融资、股票融资和银行贷款的融资放在一起通盘考虑。宏观调控也可能会更多地依赖市场的价格工具，也会更加注重逆周期的、审慎的宏观管理，区别对待各金融机构的具体情况，减少“一刀切”的方式。中国当前的金融机构改革已经取得了进展，资本市场运行基本稳定，这为宏观调控手段的改革创造了有利条件，2011 年完全有可能成为宏观调控方式改革的重要年份。

总之，笔者所期待的 2011 年的中国，不仅能够取得平稳且较快的经济增长，而且能在若干重大改革领域取得实质性进展，为金融危机后中国经济的持续、健康发展奠定坚实的基础。

中国改革须研究借鉴“德国模式”①

民众的市场经济理性度较高、集体意识强烈，政府行政能力突出，“德国模式”植根于这些经济制度的基本禀赋之上，形成了鲜明的特点，即在经济制度的安排中注重利益相关者，强调经济的可持续性与稳定性，对金融、房地产等部门进行严格管制，其利益冲突机制也有明显的政府主导色彩。

对于中国，德国经验可资借鉴的有三点：企业不应过分强调短期利润，而要关注相关方的长期利益；政府可提高运营效率，实现信息和运作的透明和公平；更重要的是，地产和金融应为经济发展服务，而非为了自身利润而不断发展。在中国的制度改革中，如果房地产和金融问题能基本搞对，中国的长期可持续发展就有了坚实基础。

中国经济起飞最宝贵的经验是持续的制度变迁，即改革，用一句话来总结就是，把制度、把改革搞对，让社会经济体制不断地完善，不断地演变。今天的中国又走到了改革的岔路口，经济体制下一阶段如何改革，这是决定着

① 原文载于《新财富》，2012年7月。

中国经济能否崛起的重大战略课题。为此，我们有必要认真研究世界各国的市场经济特色，分析其利弊，转换成中国经济体制持续改革的营养。

当今世界，特别值得我们研究借鉴的是德国经济体制，即德国自称的社会市场经济体制，其特征是强调政府有限干预市场经济，追求市场效率与社会公正之间的平衡。

德国的经济体制应该说是历经考验。过去 20 多年来，德国不断刻苦改革，完善经济制度，当前席卷全欧的金融危机非但没有给德国带来颠覆性的打击，相反，德国经济在发达国家中一枝独秀，与中国经济一道，切切实实成为当今世界经济中最为坚实的支柱。德国经济增长速度在 2010 年达到 3.6%，2011年达到 3%，出口持续保持两位数以上的增长，出口占 GDP 比重达到 33.6%以上，甚至超过中国的 25%。而且，在西方发达国家高失业率带来哀鸿遍野的背景下，德国失业率却创下了历史新低，达到 5.6%的低水平。那么，德国的经济体制到底有什么特点，在哪些方面值得中国学习和借鉴呢?

德国经济制度的社会禀赋

任何一个国家的经济体制都是植根于该国基本的社会禀赋之上的，也就是说，这个国家有什么样具体的社会条件，它才有什么样的经济制度。根据笔者在下文中的分析，这种社会禀赋分为三个方面：一是民众的市场经济理性度，二是民众在社会秩序与个人自由之间取舍的偏好，三是政府（官僚体系）的能力。在这三方面，德国经济制度的社会禀赋非常突出，在讨论“德国模式”之前必须要非常明确地理解。

其一，德国民众的市场经济理性度即便在发达国家中也是相对高的，市场经济制度在德国早已深入人心。远在1871年德意志帝国成立之前，当地的自由市场经济制度已经十分发达，这一点与中国形成鲜明对比。至今为止，在中国很多地方，小农意识、非市场经济的人情交易等观念和行为仍大有市场。

其二，德国民众在社会秩序与个人自由之间的偏好，也与其他欧美国家有明显的不同。德国不是移民国家，只有少量的移民来自土耳其，所以，德国在语言和种族上比较单一。德意志帝国成立之后，民众的集体意识更为强烈，这与英国、美国形成了鲜明对比。美国是移民国家，而且早年的移民有许多是为了逃离原居住国政治迫害而移居过来的，公民有极其强烈的维护个人自由的偏好；而英国作为岛国，民众长期以来乐于海外探险、在海外殖民，其个人自由意识相对于德国这个海岸线相对较短、海外商业扩张历史较短的国家而言更为浓重。

谈到德国民众的主流性偏好，不能不提的是德国统一前思想家弗里德里希·李斯特（Friedrich List）。李斯特（1789—1846）一生不断批判亚当·斯密所代表的古典经济学，宣扬国家利益，是德国历史学派的先驱者，对德国主流意识形态产生了深远的影响。

其三，德国政府的行政能力即便是在各发达国家中也极为突出。从普鲁士王国建立之初的国王腓特烈二世到后来的铁血宰相俾斯麦执政时期，以普鲁士精神为基础，德国形成了一套高效率的官僚制度，这种制度传承的影响极为强大，德国政府的行政管理能力、政策执行能力在全球各政府中也是超一流的。

以上三方面是“德国模式”的基础，是德国经济制度的社会禀赋。如果不理解这三点的话，就无法理解德国的经济模式。

解读“德国模式”的三大维度

根据笔者下文的分析，对一个国家的经济制度可以从三个维度来考察：第一个维度是生产和交换的基本制度安排；第二个是维系市场平稳运行的制度安排，包括社会福利和宏观稳定；第三个是利益冲突解决和权利分配的机制。在这些方面，“德国模式”具有明显的特点。

先看看生产和交换的基本制度安排。在这方面，德国的经济制度强调利益相关者，强调可持续性，而不像英美模式那样一味地强调市场经济交换的自由以及企业投资者的利益极大化。

在企业层面，“德国模式”的一个重要特点就是强调企业是利益相关者组成的集体，各方的利益必须协调。这里所指的利益相关者，既包括出资者，如创始人家族、其他股东、债权人等投资者，也包括职工、高级管理人员、供应链上下游的商家以及地方政府。因此，德国企业的公司治理结构与英美企业完全不同。众所周知，除董事会外，德国的企业还有监事会。这个机制保证了德国的企业在运行中比较强调可持续发展，比较强调长远决策，照顾相关方的利益——因为当企业能够兼顾各方面利益的时候，其长期发展才能有保证。

相反，美国的企业，尤其是金融企业，极其强调企业的利润，即底线。一旦企业运行不力，利润下降，马上解雇员工，而当市场景气，企业需要扩张的时候，马上又去市场招聘。这种劳动力大上大下的调整，毫无疑问对企业的长期发展是不利的。美国的上市公司，也是极其重视短期的利润，其经营策略的调整都是以提高短期利润为目标的。短期利润上去了，企业主管的奖金也跟着上去了，企业也能够扩张以及并购其他企业。许多应运而生的PE（私募股权投资）基金等投资机构，目标就是提高企业的短期利润，从而提高其市值，并从中获得收益。

德国显然不是这种模式，其企业往往能够坚持一个理念，坚持长期投资，坚持研发，其中最好的例子就是宝马汽车公司。宝马汽车公司是家族控制的公司，尽管上市了，但并不是特别关心短期的股票价格和市值，因此，它能够长期坚持自己的理念、品牌和企业文化，既不盲目地拼规模，搞大跃进，也不搞无谓的多元化操作，坚持做好高端的汽车和摩托车。这种决策既能够帮助宝马汽车公司抓住市场的长期趋势，比如说在中国进行扩张——这一点要比日本的企业更加明智，同时也避免了美国企业式的大起大落，比如像通用汽车般过分多元化、追求规模的弊病。

特别需要强调的是，德国的很多企业事实上是由地方政府直接干预的，比如说大众汽车有相当一部分的控制权属于它所在的下萨克森州的政府，根据延续52年之久的“大众法律”，该州政府对大众汽车的内部重大事务决策具有一票否决权，这一票的重要性在大众汽车的重大战略问题上充分体现。州政府比企业管理层以及出资人更加关注社区的稳定，关注就业，关注企业长期的稳定运行，这对于德国经济的影响不见得是坏事，对德国企业的发展也未必是坏事。

“德国模式”的第二个特点，是特别强调宏观经济的稳定运行，对于那些容易带来短期波动的部门进行严格的管制。

德国对金融业的管制是非常严格的。其金融业的发展主要依赖若干稳健运营的大银行，商业银行在德国金融体制中的地位是绝对稳固的，运行也非常独立，而德国对它们的监管也非常严格。

最重要的是，德国对于房地产行业所能带来的投机行为有深刻的理解，因此，政府鼓励房地产公司长期投资，持有物业，出租经营。对于居民购房，德国出台了若干限制，比如购房首贷比例是非常高的，而贷款转按揭、再融资则几乎不可能。租房市场也受到严格的管制（这依赖于政府的高效运行），房东不能够随意涨价，也不能够随意地解除租约，因此，德国的房价长期稳定，甚至于最近一个世纪以来有所下降。德国没有炒房的风气，许多企业高层，包括国会议员都是长期租房。正因为房地产固守本位，恪尽本职，才会成为德国经济中一个稳定的支柱，而不是一个波动的放大器。

据统计，过去 10 年来，德国房价年均涨幅仅为 1%，低于年均通胀的 2%，即，住房的实际价格年均下降 1%。从 1977 年到 2007 年，德国房价仅上升 60%，同期工资则上涨了约 3 倍。

德国政府对房地产市场的调控还体现在对租房市场的干预上。首先是强制出租。德国法律规定，所有由合作社建造的住房必须用于出租，不能出售，而合作社住房占全国总数量的 1/3！其次，开发商在建造住房时，必须预留一定比例的住房，专门卖给或者租给低收入群体。最后，房租管制。各地方市政部门协同商业协会，根据房屋类型公布“房租合理价格表”。法律规定，如果房东的房租超过该价格的 20%，就构成违法行为；如果超过 50%，就构成犯罪，有可能被判刑入狱。以旁观者看，这第三条可能有点极端。有了头两条，基本就能稳定房地产市场了。

德国在货币政策方面也以长期稳定而著称。当然，德国的货币政策以及中央银行体制对应于其自身的整体经济运行，强调稳定，而这种做法对于金融危机爆发之后的整个欧洲而言，不完全适合。因此，客观地讲，在德国人过重的影响下，欧洲央行在金融危机爆发之后的头三年并没有找到合适的应对策略。

德国政府在公共财政方面也相当谨慎，为民众提供一定的社会福利保障，以保持整个经济的稳定性，而不让大规模的失业带来经济的波动，但这种福利却是有限的。在过去20年内，德国的福利制度进行了有效的改革，失业者从改革前可以领取32个月的失业金改为只能领12个月，而且对失业者提出了不能够挑肥拣瘦、必须接受就业部门所提供的任何工作等要求。这种改革使得德国维系市场经济平稳运行的福利制度更加有效。如今德国5.6%的超低失业率就是改革成果之一。

第三个维度，在利益冲突的解决和权利分配方面，德国的制度也有其基本的特色。

在“德国模式”下，解决利益的冲突并不像美国那样过分依赖法律体系。在美国，众所周知的一个问题是大量无谓的法律纠纷，以至于在许多场合，正常的市场经济无法运行。而在德国，解决市场纠纷的方式往往是通过行政手段，通过政府的运作来进行的。比如说，在德国，对市场经济的若干方面有行政监管，而且这种监管相当有效。更何况，德国的法律体制是一种拿破仑式、大陆法式的体系，是基于行政主导的立法体制。这种制度比较能够反映公众意志。比如，德国在土地征用方面有严格的程序，如果一家公司要征用土地，就要通过严格的听证；一旦听证通过，就必须严格执行。而听证的过程并不是要满足每一个个体的要求，而是综合集体利益和权益的结果。因此，在德国，既不至于出现像中国这样的土地开发过程仅有少数人受益的情形，也不可能出现“钉子户”这样的独特现象。毫无疑问，这种带有明显的政府主导色彩的利益冲突解决机制，是基于德国的社会经济制度禀赋之上的，即高效率的、普鲁士式的行政效率再加上百姓在个人自由和社会秩序之间比较偏向于社会秩序的选择结果，其他国家不一定适用。

政府出面协调利益冲突的一个案例是2006年空中客车汉堡工厂关闭事件。当时，由于A380延迟交货，空客陷入危机，德国汉堡的空客生产厂可能不保，空客的母公司欧洲宇航防务集团（EADS）有意关闭汉堡工厂，5000～8000个职位不保，工会反对。德国总理默克尔随即表示有意参股EADS，以增加对其的影响力。德国经济部长则警告说，如果该公司计划将在德国的空客生产线转移至法国，德国政府将重新评估有关向该公司购买军事装备的订货合同。在德国政府的干预下，汉堡工厂涉险过关。

“德国模式”之于中国的借鉴意义

“德国模式”对于中国的经济制度改革到底在哪些方面有借鉴意义呢？笔者想，至少三个方面值得我们认真研究。

第一，在企业层面，要研究“德国模式”的特点，那就是企业不过分强调短期利润，而是关注企业相关方的长期利益，这样才能把研发、品牌放到重要地位。

第二，特别值得中国关注的是，德国在房地产及金融方面的监管政策。它基本的思路是：地产和金融说到底是要为经济发展服务的，是为大多数民众的福祉而存在的。金融不应该成为“苏联模式”下的重工业自我循环，为了自身利润而不断发展。这也是美国的惨痛教训。房地产更不能脱离实体经济，成为财富升值的赌场。在中国的制度改革中，如果房地产和金融的问题能基本搞对的话，中国的长期可持续发展就有了坚实基础。

第三个值得借鉴的是，在政府能力建设方面要不断加强，既要公开政府的信息和运作，直至透明和公平，更重要的是，也要提高政府的运营效率，紧紧抓住政府在市场监管上的基本职能，提高政府行政能力，为解决经济发展中的利益冲突而不断完善。

有限权威时代，中国需要什么样的经济改革[①]

我们处于一个有限权威时代，各种力量作用于政府决策和执行的全过程。因此，讨论改革的方式需要改革。首先应该仔细分析当今中国社会的经济制度的禀赋，其中包括民众的市场经济理性度、在社会秩序与个人自由之间取舍的偏好，以及政府的执行力；再者，分析清楚各种改革的后果，以此凝聚和提升改革的共识。由于各个地区的制度禀赋差别巨大，下一步应当大幅放权，由各地方因地制宜推进改革。同时，各种制度安排应有持续变革的灵活性，需要伴随制度禀赋的变化而演进。在改革的讨论中需要更多地借鉴经济制度禀赋与中国较接近的欧洲大陆及亚洲发达市场经济国家的体制，而不仅仅关注美国的体制。

不断恶化的国际环境，日益凸显的社会矛盾以及步履艰难的经济结构调整，这一切都在呼唤着新的经济体制改革。的确，中国经济林林总总的问题必须通过深层次的新一轮经济体制改革加以解决，为此，思想界需要有新的思维突破。简单重复过去十几年以来反复提出的各种口号，失去的是学者应

① 原文载于《新财富》，2012 年 1 月。

有的高度，得到的是社会各界种种方式的抗拒和抵制。

现有改革讨论的三点不足

现有关于改革的讨论尽管数量庞大，论述极多，但是大都有比较明显的缺陷。

第一，很多讨论停留在发展与改革愿景的层面，而这些愿景又往往局限于简单的口号式说法，比如，要建设有中国特色的社会主义市场经济；要建设好的市场经济、避免坏的市场经济；要建设以法制为基础的市场经济；要建设产权清晰的市场经济；要建立持续发展、公平与效率兼顾的市场经济。这一系列提法毫无疑问都是对的，更是十分美好的，但是，关于改革的讨论仅仅停留在这一层面，无法对当前许多领域停滞不前的改革作出理论上的指导。

第二，很多具体改革措施的讨论缺少方向性。比如说，关于个税改革，众多的讨论局限于起征点多少为宜，而忽略了许多更大的问题，譬如，征收个税的目的何在？中国经济体系中的二次分配主要是依赖个税体制来完成，还是依赖于其他领域的制度安排来实现？甚至于我们还可以问，到底中国经济需要进行多大程度的二次分配？关于财产税的讨论，往往局限于是对增量部分收税还是存量部分收税，是对第一套房收税还是对第二套房收税。这些讨论显然是十分技术性的，它忽略了一些更为基本的问题，比如，房产税的目的何在？房地产业长期合理的制度是怎样的？更大的问题是，中国公共财政的收入基础是什么，是来自于国家长期持有的生产资料，还是对生产、流通环节或者是财富存量收税？中国的政府开支到底应该有多大？关于民营企业，大部分讨论集中于如何促进其发展，而更重要的是未来中国经济领域以什么样的所有制形式为最佳，是应该采取德国式家族与政府共同控制的企业模式、日本式的社会化持股方式，还是美国式大股东与金融市场共同协作掌控生产资料的模式？

第三，对于当代不同市场经济体制的比较、研究、借鉴得不够。很大程度上，我们的目光下意识地过多聚焦于美国式的市场经济制度。美国作为世界第一大经济强国，毫无疑问，有经济制度上的诱人之处，但是不可否认，美国也有非常明显的独特性，美国人素有“美国例外论”（American Exceptionalism）[①]。更不用说，世界上还有其他相当不同而且非常发达成熟的现代市场经济体制，比如德国式的、日本式的、新加坡式的，这些都是我们进行下一轮市场经济改革的重要参照物，必须全面研究、借鉴。

有限权威时代，改革的方式要改革

上述改革讨论中的三个问题，也许并不是最重要的。最重要的是，改革的讨论方式需要改革，因为我们已经进入了有限权威时代。有限权威时代，政府及其决策者正式的权力并不一定减少，但是决断力和执行力却明显受限，主要的原因是民众通过互联网以及其他媒体表达意见，形成了日益强大的舆论压力，另一个原因是现有体制内部利益的多元化，导致政府决策过程受到各方利益群体的游说，执行的过程受到各种掣肘。在有限权威时代，学者自

① 美国例外论：文译“美国例外主文”、“美国单异主文”，是指美利坚合众国作为世界上第一个，也是独一无二，以自由、个人主义、法律面前人人平等、自由放任资本主义等思想为建国基础的国家，人民特别富裕幸福，国家特别稳定强盛，并在世界上领导与保卫自由潮流，因此独特优越，具有其他国家无可比拟之处。为亚历西斯·托克维里于 1831 年杜撰之词句。——编者注

己的权威也有限。如果说在某一问题、某一话题上学者们似乎仍然具有较大的影响力，那往往是因为他们的观点附庸流行的思潮和社会舆论，与其形成了共鸣，而非反向的机制。

当前大多数改革讨论的基本出发点和落脚点，都是“应该如何改革”，其潜在的假设是，改革的讨论者本身就是改革的设计者和执行者，因此，在多数情况下，讨论者都是根据自己对于未来中国社会和经济的目标体制的理解提出改革建议的，而这种对未来中国市场经济目标体制的理解往往是基于个人偏好的。偏爱尊重个人自由、个人意志的分析者更愿意强调改革目标应该是市场主导的经济体制；相反，偏爱社会的公平和秩序而非个人自由和意志的论述者则强调，中国未来经济体制应该是政府干预下的市场体制。问题在于，在不少的讨论中，参与者的个人偏好是隐藏的，辩论的焦点集中在结论上。假设不同，结论是无法辩论的。

为什么说这些传统的、把个人对未来市场经济改革目标的理解设定为中国未来改革方向的做法必须要突破呢？原因非常简单：中国基本的社会政治格局已经从拥有一个相当权威甚至是绝对权威的改革设计者转向了改革者本身权威有限的局面。当今的中国社会，已经出现了包括政府在内的任何一方都不具有权威性的现实情况。今天的学者、政府部门、政府高层的决策者，都不具备以往改革中的那种权威性。

另一方面，中国社会所关注的利益已经相当多元化了。对比30年前，那时中国社会的阶层相对比较简单，有工人、农民、国家干部还有知识分子，而今天，这种简单的划分早已经不适用了，制造舆论、影响决策的，还有企业主、股民、有房阶层、无房群体、新进城的外来工，甚至还有部分境外人士。在这样多元化的社会里，不具有绝对权威的决策者要进行改革，就必须凝聚社会共识，获得社会上大部分人的理解和支持，而不是强行推出任何的改革。

而如何凝聚社会的共识、如何推进有意义的社会主义市场经济改革，这一问题已转换为如何识别社会上多数人的偏好，也就是说，如何识别推进社会改革的约束条件。换言之，今天讨论改革的方式，应该从“我认为改革应该怎么进行”转变为“今天的社会主体需要什么样的改革，社会的基本偏好和约束条件是什么，根据这些基本偏好和约束条件，如果我们进行了ABC式的改革，未来的后果将是XYZ，而这种未来出现的XYZ的结果是否能够符合社会的基本偏好”。换言之，学者的角色在转变，从给社会开处方治病转换为给社会列菜单，帮助点菜，即，通过理性的分析，告诉社会公众和决策者，改革有什么的选项，每一个选项未来的后果是什么，而这些后果与今天相比，根据民众的口味，是更好还是更坏。

笔者认为，这才应该是学术界对中国未来改革方向进行讨论的基本范式。

经济制度的社会禀赋：决定经济体制改革的基本变量

根据以上思路，我们讨论改革必须从社会的基本偏好和基本约束入手，我们不妨称其为中国改革的社会禀赋，就像自然条件的禀赋一样。这禀赋包括什么呢？概括地说包括三大变量。

第一大变量是民众的市场经济理性度。也就是指民众对市场经济的理解以及在市场经济中运行的能力。举例说来，民众在一个波动的资本市场中的运作能力，不同地区是完全不同的：香港民众明显比内地民众更理性，他们更懂得如何应对一个波动的股票以及房地产市场。即便是在中国内地，不同地区人群的市场理性度也是不一样的，江苏、浙江、福建等沿海地区百姓的市场理性程度明显比内陆地区要强。当然，这一点是不断演进的，因为知识在传播，民众在学习。

第二大变量是民众在社会秩序与个人自由之间取舍的偏好。关于这一点，哈佛大学经济学家安德烈·施莱弗（Andrei Shleifer）在他的著名文章《新比较经济学》中特别强调，不同的社会在社会秩序和个人自由度上的选择是不同的。人们一般认为，美国社会更强调个人自由，而欧洲大陆国家如德国也许对社会秩序更加强调。而中国社会是怎样的呢？我们有理由相信，相对于美国，相对于西方国家，中国的民众更加注重社会秩序。在这个问题上，我们也可以认为，不同地区的中国民众偏好是不一样的。

影响社会经济体制的第三个禀赋性的变量，就是政府的能力，也就是说，政府能否有效地执行一套经济制度和经济政策。这显然是一个非常重要的变量。有的国家或地区的政府能力极强，比如新加坡政府，能够做到低腐败，比较高效地贯彻执行一套经济体制；相反，一些发展中国家的政府容易出现腐败和能力低下、执行力不强等情形。对于当今的中国而言，这也不能说是一个一成不变的变量。随着政治体制改革的推进，随着政府对民众负责任程度的提高，这一变量也会改变。同时，不同地区的政府能力也是不同的。

现代市场经济制度的三大维度

现代市场经济纷繁复杂，如何高度地总结现代市场经济制度的不同之处呢？综合已有的文献，笔者认为可以总结出三个基本的维度。

第一个基本维度是有关生产和交换的基本制度安排。

生产组织的制度安排也许是相比之下更为重要的。在此有千差万别的不同的制度安排，包括日本式的所有权高度社会化控制的模式，美国式的大股东通过资本市场操控的模式，欧洲大陆式的家族控制加政府干预的混合模式。特别值得注意的是，生产组织的制度安排（往往被狭义理解为产权安排）往往是内生性的，是其他相关的制度安排所推衍出来的。以日本为例，由于遗产税极高，家族很难持有企业；以德国为例，由于资本运作往往受限，家族比较容易地长期稳定控制企业。

有关交易的制度安排，不同经济体也存在巨大的差别。极端的情况是计划经济体制，包括凭票供应、按人头分配。另一个极端是完全由价格决定的自由交易市场的制度安排。在这两个极端之间会有连续的、无穷的选择。限购或者限价就是比较接近计划经济的制度安排。另一个案例是，一般情况下，汽车市场被认为是完全的自由交易市场，但事实上并非如此。试想一个消费者想从国外直接进口一辆稍微特殊一点的车型（比如手动挡的豪华奔驰轿车），这种交易往往不见得能如愿，因为政府在汽车产品的环保、安全等方面是有标准的，进口一个车型需要经过比较复杂的审批程序。

第二个基本维度是维系市场经济平稳运作的制度安排。必须承认，现代经济具有内生的基本的波动性，这种波动往往是巨大的。金融危机就是明证。为了应对内生的波动，在这方面，现代经济必须有一系列基本的制度安排。

首先是公共品的厘清与提供。必须认定什么样的产品和服务是公共品，这些产品和服务因此要由国家来提供。在这方面，不同的经济体有不同的理解。比如，至今为止，英国与日本显然认为一些基本的新闻和媒体服务是公共品，因此，英国广播公司（BBC）与日本放送协会（NHK）都是国家出资、政府监管；美国则没有这一传统。再比如，基本住房服务在新加坡被理解为具有公共产品性质，因此由政府直接提供，在美国则更多地被理解为私人产品。

是否应该进行收入再分配？是否应该通过收入再分配减少收入差距，从而为社会提供一个基本的和谐度？不同社会对于这一问题的理解可以完全不同，因此，相关的制度安排千差万别。福利制度同样是维持经济平稳运行的基本制度安排，这是20世纪初英国首先提出、在德国得到了大力推进的。一个基本的福利制度的建立，对于维系经济稳定是至关重要的。

公共财政也是维系经济平稳运行的基本性制度，这里又有许多具体的制度安排，比如，公共财政的收入基础是来自于国有企业还是来自于税收，国家要不要控制一部分营利性资产，要不要控制一些非生产性的金融资产。

此外，宏观经济的管理体制，比如央行、证监会、银监会等方面的管理，对于现代市场经济来讲也是至关重要的，在这一点上，即便最保守的自由意志者也承认。米尔顿·弗里德曼（Milton Friedman）反复强调，在金融危机爆发之时，央行有天然的职责，必须大量印钞；而且，央行需要与财政部协调，而非孑然独立。再有，维系经济运行的制度安排是市场监管，其中涉及的问题包括对相关的金融机构是否要在很大程度上进行监管，对它们的资本量、风险程度是否要不断监控，甚至是征收惩罚性的税收等。

第三个基本维度是利益冲突的解决和权利分配的机制。经济中的各个利益体之间不可避免地会产生利益冲突，这些冲突不可能完全通过市场的价格机制以及友好协商的途径来解决。即便科斯（Ronald Coase）也认为，要维系市场运行，必须要有一个有约束力的法庭做背景。权利分配与此密切相关，谁拥有什么样的权利决定着交易双方如何进行协商，这也是科斯反复强调的。事实上，科斯定理的要点就是强调权利分配的重要性，也就是说，只有在把权利划分清楚的情况下，同时存在公正的第三方合同执行者，市场双方才有可能进行有效的协商谈判，从而达到帕累托最优的结果。

在这方面，需要特别强调法制的作用。法制在中国有一种被神化的趋势，认为法制是万能的。这值得仔细研究。法制本身不可能在真空中运行。在现实中，两类群体是法制的占优者。一是市场上的强势群体或者说有财富的阶层，他们往往在法律上是占优的，因为他们可以雇用最优秀的律师以及利用相关资源打赢官司。二是政府，他们往往是法律体制上的强者，普通民众很难告赢政府。所以，法制的正常运行必须要有一套相关的体系来维系，尤其是需要通过一定的监管来维系，比如通过政府的监管来约束社会上高财富阶层影响法制的强大能力；同时，也有必要通过公众媒体等公开的方式，以及政府分权的方式，来约束政府在法制体系里天然的优势。

法制的另一个重大问题是谁来立法。在这个问题上，不同国家有不同的处理方式。英美体制下，立法权很大程度上是下放给法院和法官的；而在欧洲大陆，立法的权力是由政府部门代表国家来实现的；中国目前的立法也基本上是由政府部门来主导的。这种政府主导的立法的缺陷，我们已经看到过不少。

中国社会需要什么样的经济改革

要讨论这一问题，我们必须先厘清中国经济制度的社会禀赋。在对市场经济的理性度方面，中国的社会禀赋仍然处于演进的过程中，普遍来说，中国民众不如有长期市场经济经历的发达国家的民众理性度高。而在对秩序以及个人自由的偏好上，中国民众由于几千年的封建传统以及儒家文化的熏陶，应该说比美国等国民众更加偏向于社会秩序。同时，中国政府的执行能力在不同地区、不同领域也是参差不齐的，比如说，在高考方面执行力度比较强，腐败比较少，但在其他方面远非如此。

给定这些社会禀赋，中国需要什么样的经济体制改革？首先，是需要开阔视野，把目光从美国式现代市场制度，扩大到欧洲大陆（尤其是德国、荷兰）及亚洲(日本、韩国、新加坡等）等地发达国家的经济体制。对一些重点领域，包括大企业所有权和控制权安排、住房、商业银行、基本福利制度、教育培训等方面，需要比较系统的分析研究和借鉴。与美国相比，这些国家的经济制度禀赋在不少方面和中国更接近一点，因此需要仔细研究。

其次，一个应该没有太大争议的结论是，中国的改革应当先大幅度地放权，应该由各个地方根据自己的情况、因地制宜地推行自身的改革。不同地区的经济制度的社会禀赋差距很大，因此，不同地区的政府应当积极探索适合自身的改革方向。比如，在土地所有权问题上，由于江浙一带的农村居民的市场理性度比中西部高，这些地区可以不妨先行一步试点。

一个简单的推论是，依赖立法搞改革不一定是最符合实际的。中国作为一个大国，各地的社会经济禀赋差距巨大，全国一刀切，立法搞改革，即便是所立之法律可以执行，其效果不一定是好的。

最后，中国的经济体制改革应该有足够的应变能力。改革不可能是一蹴而就的，而且，中国百姓的社会禀赋是在不断演进的，市场理性程度是在不断提高的，对社会秩序与个人自由的偏好也是不断改变的，政府的执行力也是会不断改变的——改革本身事实上就在不断推动政府的执行力提升，因此，中国在改革中需要更加强调制度的灵活性而非僵化性。

因此，一个基本的结论是，今天的改革需要开阔思路，下放权力，由地方根据自己的情况探索自己改革的方向，从而以一个分权的、不断演进的改革方式，取代一个自上而下、一刀切的改革方式。这样也有利于企业在不同的地方之间有可选择的余地，而企业的选择有助于地方提升改革的积极性与效率。

改革不能太依赖“顶层设计”①

任何时候的改革都有利益集团的阻挠，这并非中国改革困境的症结。其真正症结在于改革理念出了偏差，过分依赖顶层设计这一工程技术概念。由于社会问题的复杂性远超任何工程技术，而且中国进行的是渐进式改革而不是从零开始的革命，因此，改革不具有顶层设计的空间，过于强调顶层设计，只会耽误时机。过去若干年，顶层设计不仅阻碍了改革的实践探索，也导致一些不太成功的改革被设计出来。目前，中国的改革并没有那么难，很多改革的条件已经成熟，改革的动力非常充沛，我们只要从英国的渐进式制度变迁中汲取经验，在条件成熟的领域通过基层试点，一步一步顺势推进改革方案，改革就会再次迈开步伐。

过去10年，中国改革举步维艰，这是不争的事实。而只有把准了其中症结所在，才能对症下药，推进未来的改革。

那么，中国改革困境的症结何在？流行的回答是，改革进入了深水区，利益关系错综复杂，利益集团势力强大。笔者同意，这些都是公认的现象，

① 原文载于《新财富》，2012年5月。

但并不认为，这些是改革困境的症结。试问，什么时候的改革没有利益集团的阻挠？农村家庭联产承包制改革，难道没有因此而失去权力的基层干部的反对？价格市场化的改革，难道没有各级物资计划部门的干扰？分税制改革，难道没有部分（高至省级的）地方政府的阻碍？中国加入WTO的艰苦历程中，难道没有部分担心受到国外企业冲击的产业主导者的反对？

改革，在任何时候都需要冲破利益集团的阻拦，都要打破固有的利益格局。否则，就不是改革了。

笔者的观点是，过去若干年改革困境的症结，在于改革理念出了偏差，即过分依赖所谓顶层设计这一工程概念，一碰到实质性困难，就呼吁顶层设计；一讨论顶层设计，各种理论而非实际方案就层出不穷，甚至引出一些开倒车的理论呼吁。事实上，条件成熟的改革，本来推一把即可出台；条件不成熟的改革，则可以就不同的方案试点再总结，但是切勿由于过分强调顶层设计和系统论证，延误了战机。

本质上讲，改革是顶层设计搞不出来的；过分强调顶层设计，只会耽误了改革。

顶层设计是工程概念，不完全适用于社会变革

长期以来，笔者一直困惑，顶层设计这一提法来源何在。在最近一次的重要会议上，吴敬琏老师对此做了非常重要的解读。他说，2001年国家信息化专家咨询委员会召开会议，有一位工程院院士提出，国家信息化战略不能拘泥于细节，必须把整体的框架设计好，用工程的行话说就是顶层设计。追根索源，顶层设计是一个工程概念，指的是对整个系统的选择，好比我们的手

机是用安卓还是苹果的 iOS 或者微软的 Windows 系统，这对于工程技术而言毫无疑问是极其重要的。

但是，我们必须看到，社会问题不是工程问题，社会问题的复杂性远远超过工程。在工程领域，像三峡大坝这样的巨大项目，到底利大于弊还是弊大于利，多年过去了，仍然争议纷呈。而中国的任何一项改革，从教育、医疗到公共财政，其复杂性远远超出三峡水利工程，因此，仅仅论证和设计是无法得出正确合理的答案的。

更重要的是，在工程技术领域，工程的基本出发点可以从零开始选择，尤其是信息化这个新兴技术领域，而在社会领域，绝大部分问题没有这样奢侈的选择空间，用制度经济学的话说，是有路径依赖的，必须从现有的制度出发，进行改造。也就是说，在社会领域，顶层设计的可能性根本就不存在，顶层设计是遥不可及的奢侈品。1997 年，新制度经济学学会召开成立大会，制度经济学大师、诺贝尔经济学奖获得者罗纳德·科斯发表主旨演讲，笔者在现场，给笔者最深记忆的一段话是他讲的一个寓言：小伙子指着一座山，问老者，请告诉我如何才能爬上它的顶峰，老者说，年轻人，你先看清楚你现在站的是什么地方，从这儿出发，你是永远爬不上那座高峰的。社会制度的变迁往往比这个故事更残酷：站在今天的位置，连哪座山峰能否爬上都搞不清楚，唯一清楚的是，朝着一个大方向不断前进。

改革是演进，是顶层设计不出来的

改革不是革命。改革的本质是对现有的制度进行不断的改造，是一种制度的演进。因此，从本质上讲，它不可能有顶层设计这样的奢侈空间。而反过来，革命是打破旧制度，从零开始。革命需要理念，需要顶层设计，只有把顶层设计搞好，革命才能成功，这就是多年前所说的，路线必须对头，纲领必须正确。

笔者想绝大部分百姓和学者应该同意，当今中国正在进行的不是一场轰轰烈烈的新革命，而是一场持续的改革。一个半世纪以来，中国的革命非常多，有成功的有失败的，当今中国社会仍然不乏革命的激情，错综复杂的社会问题也往往唤起这种激情。正是在这样的情况下，需要特别强调，中国现在从事的是制度演进，因此，这种演进必然是一步步的、具体的、渐进式的，不可能从整体上重新设计。

如果说，这种制度的演进过程可以重新设计的话，那么，这种说法在本质上就和计划经济能代替市场经济一样——计划经济的支持者们认为，计划可以代替市场，甚至高于市场。改革的过程比平稳的制度运行更加复杂，如果说计划不能代替市场，那么，改革的进程更不可能计划。依赖顶层设计搞改革，本质等同于计划代替市场。

回顾过去500年的近代世界史，英国就是渐进式制度变迁的典范。过去500年来，英国的政治经济制度不断演进，但整个过程相对而言非常平稳，英国就是在历史变迁中长期遵循经验主义，走一步看一步，不断前进。尤其值得注意的是，英国从一个岛国崛起为世界最大的帝国，又经历了帝国逐步崩溃的过程，然而，这一跌宕起伏的史诗般变化，并没有给英国本土带来巨大社会冲击，这本身就是一个当代社会历史的奇迹，非常值得我们尊重和研究。反观法国，不断的革命给社会带来了巨大的冲击。法国人是理想主义的，喜欢搞革命，从法国大革命到最近的金融危机，社会动荡，起起伏伏，最后还是走了不少弯路。

金融危机爆发以来，英国式的渐进主义方略已经显示出其独特的优越性，而有浪漫主义革命情结的法国，至今仍然找不到解救危机的最终方案。在这次金融危机中，英国的处理是最成功的。英国央行最早提出了正确的救急方案——给金融机构注资。英国财政部也提出了正确的长期改革方案。尽管英国公共财政的状况比意大利还糟糕，其赤字率远大于意大利，但英国国债收益率却是过去300年以来最低的。务实是英国人的智慧，也是英国制度演进的结晶。英国人从来不提大口号，只是一步步地往前进。反观法国，金融危机爆发之后，法国总统马上呼吁查经典，比如《资本论》，信誓旦旦要重新设计资本主义，至今法国经济仍在苦苦挣扎。

顶层设计往往阻碍了实践探索

某种程度上讲，中国在过去这段时间里碰到的很多问题，有可能是顶层设计导致的。

一提顶层设计，人们马上开始争论，有的说这么干，有的说那么干，都觉得改革大方向出问题了，都觉得自己的理念比过去的改革实践更高明。邓小平反复讲，他唯一的发明就是不争论。他强调的是实践，要拿事实说话。实事求是地讲，很多争论都是由顶层设计这个口号引出来的，一争论就无休止。中国有理想主义的传统，更有革命传统，热情极高，中国文字博大精深，同一科学概念，表述可以千差万别，洋洋洒洒的论述往往流于激情，没有原则的巨大差别，几十年改革开放艰难培育出来的求真务实的精神往往在这一过程中消弭。

顶层设计设计出了不切实际的改革

中国过去一些不太成功的改革，可能正是由顶层设计理念导致的。

2008年实行的新《劳动合同法》就是一个典型案例。这一法律没有经过应有的充分调研和试验，全国这么多行业、这么多地区，无论劳动密集型、技术密集型企业，还是经济发展水平差距很大的广东、广西、四川，都实行同一个《劳动合同法》。为了遵从这个法律，出现了很多造假行为，带来了巨大的效益损失，每天都在挑战着法律体系的严肃性。在这一问题上，更为稳妥的办法是在不同经济发展水平的地区试点，先形成行政条例，再逐步总结升华为法律条文。

另一个例子是个人所得税。笔者长期提倡，个税改革应该先试点，基于低税率、宽税基的原则在一些地方试验，看看到底是不是促进了就业发展，是不是改善了收入分配，是不是增加了个税总额。财税专家常常反驳说，个税改革要有顶层设计，因为一旦试点，劳动力就会套利。事实上，这种可能性被过于夸大了，其实资本的流动性是非常强的，以前各地区的企业所得税有所不同，特区的税率比较优惠，但是，由于各个地方都有自己招商引资的办法，同样有大量资本留在内地，受到更多因素影响的劳动力流动，更是如此。对于企业所得税，我们都搞了试点，为什么个人所得税不能试点？

改革原本没有那么难，一步一步往前走就是成功

现在，很多改革的条件已经成熟，改革的动力非常充沛，只要我们顺势推

进，从基层做起，改革仍然有巨大空间，不是非要在总体上和理论上规划好了才允许下面试点。西方民主体制下，人们爱说的一句话是“所有的政治都是当地的政治（All politics are local）”。中国的改革，笔者认为可以套用一句话：所有的改革都是具体的改革（All reforms are specific），即必须从一个一个具体的事情入手切入改革。

现在很多民生问题，从住房到医疗到教育，包括保障房的建设、使用和分配，都亟须解决。解决与老百姓利益最密切相关的民生问题，本身就是改革的重要动力。对于这些问题，应当允许不同地区试点。比如教育问题就可以试点，这方面国外有大量的例子，如教育券、教育基金、在基本教育满足的情况下允许择校等。此外，国际形势也是改革的动力来源。很多金融方面的改革是被金融危机逼出来的，旧的国际金融体制对中国经济的发展形成了巨大制约，在金融危机之下，同样需要改革。

从当前中国经济发展的阶段看，大规模改革的条件已经具备。最简单、最直接的例子是利率市场化。我们以前担心，利率市场化会使商业银行利润下降，现在，商业银行利润很高，这个问题至少短期内不存在了。其实，如今商业银行的贷款利率已经市场化了，由于理财产品的出现，存款利率也部分市场化了，那为什么不能实行利率市场化改革呢？如果看不准，我们可以搞试点，例如，在实体经济发展很快但金融业不是很发达的山东进行试点，让所有在山东经营的各银行支行都可以有更大的存款利率浮动空间。相比之下，温州并不适宜成为金融改革的试点区，因为在温州开放相当于对全国开放。

总之，当前中国的改革，不妨从英国的渐进式制度变迁中汲取经验，摆脱囿于顶层设计的无休止理论争吵，通过调研、试点在实践中切实推进改革步伐。过于强调顶层设计，只会耽误改革的时机。

迎接超越经济体制的新一轮改革[①]

> 当前的改革仅仅在经济体制上做文章已经远远不够，而必须在政治体制、社会管理体制与经济体制的结合部下工夫，这正是新一轮改革的一大新意。其另一新意在于，不囿于议而不决、裹足不前的“顶层设计”，注重发挥基层的创造性、因地制宜进行探索的改革方式。这轮改革中，国企改革、金融体系向民营经济开放、民营经济投资限制放松等重大举措值得期待。

新一轮的改革即将全面推出，这一改革新在何处，对中国经济到底会有什么影响，是全中国乃至全世界共同关注的话题。

十年磨一剑

说这一轮改革人们期待了 10 年并不为过。过去 10 年，中国经济迎来了极为快速的发展。中国经济不仅没有被加入 WTO 后激烈的国际竞争所压倒，反而表现得出乎意料的优异。中国不仅举办了北京奥运会、上海世博会等一场

① 原文载于《新财富》，2013 年 11 月。

接一场的盛会，也应对了国内外的各种严峻考验，包括金融危机、特大地震等。由于社会各界的精力高度集中于这些重大事件，改革退居后台从而停步不前，尽管国内外学术界不断地呼吁深化改革、推进改革。改革的停顿也的的确确使得中国经济和社会沉淀下了种种矛盾，在经济运行层面，出现了民营投资乏力、金融体系风险聚集、部分地方政府财政困难、国际贸易摩擦频发等问题。

这一系列的问题，使得中国社会有了共同的呼声——改革到了非进行不可的时候。这种共识，来之不易。当前，自上而下的决心已经形成，那就是全面地深化体制改革。共识不易，决心更难。这一轮改革关系到中国经济未来10年的走势，关系到中国社会、政治、经济体系未来的大格局，也关系到政府提出的两个“一百年”的目标能否如期实现。

毫不夸张地讲，这是一个期待了10年的改革，关系到中国未来几十年走势的改革，十分令人关注。

新一轮改革“新”在何处

这一轮改革新在何处呢？

如果说1978年的改革发轫于农村，1984年的改革将其经验推向了城市，1992年的改革将主要精力集中于市场经济体制的确立，1994年的改革又是全面市场经济改革的铺开，那么，这一轮改革的新意是，它将触及政治、经济、社会领域的种种深层次问题，触及中国这一庞大经济体的骨髓，从而重构其造血功能。

具体说来，这一轮改革将不仅仅局限于经济领域，它还将涉及法治体制、政府行政管理体制、教育与科技管理体制、社会管理体制等一系列与经济运行密不可分、对于缓解社会矛盾至关重要的领域。这一点都不奇怪，当前影响中国经济运行的症结已经涉及超越经济体系本身的一系列重大问题，可以说，影响中国经济的是政府行为的问题，是政府行政体系的问题。比如说，地方政府盲目追求GDP，中央政府某些部门紧抓权力不放，通过行政审批、专项拨款等方式，直接对地方市场经济进行干预，从中寻租，这是政治层面的问题。而部分民众对市场化改革并不认可，担心在市场化进程中相对利益受损，究其原因，又是社会管理体制出现了问题。这是由于基本社会福利体制尚未全面建立，而市场经济发展的收益并没有通过适当、合理的政府干预加以再分配——其中涉及对超额利润的征收以及基本社会福利的发放，从而使得市场经济发展中的部分短期失意者没有得到充分的补偿。再比如，由于司法体制设计不合理，导致司法依附于行政，许多经济纠纷无法通过司法体系依法裁决，证券市场内部人舞弊、大股东侵占小股东利益、金融市场内幕交易等行为不能得到司法体制的惩罚和纠正。再比如，基础教育、文化、卫生等政府必须大量投入的带有公益性和普惠性的公共产品供给不足，使得这些原本为公益性的部门不得不在市场竞争中谋取利益，由此带来了公共领域的过分市场化。

这一系列的问题都告诉我们一个道理：仅仅在经济体制上做文章已经远远不够了。中国市场经济以及社会的问题必须在政治体制、社会管理体制与经济体制的结合部下功夫。若这种软关节的问题不加以解决，不但中国的市场经济体制难以推进，社会民众的怨气难以化解，经济发展的长远动力也将难以维系。这就是这一轮改革要解决的重要问题，这也是这一轮改革与之前改革的根本不同。

改革的方式本身需要改革

这一轮改革的方式也值得期待。

过去 10 年以来，在谈到改革问题的时候，往往特别强调“顶层设计”。实践证明，这种“顶层设计”的思路往往变成了“顶层争议”；而“顶层争议”又往往变成了议而不决，裹足不前。改革本身不同于具体的工程设计，从本质上讲，改革是不可能“顶层设计”出来的。顶层设计无非是指出一个探索的方向，许多重大问题必须从实践中找到答案，必须发挥基层的创造性。

这轮改革完全有希望让改革的方式重新回到早期改革的大思路上来，发挥基层的创造性，因地制宜探索各种改革的方案。比如说，户籍制度的改革必须因地制宜。中国各个地区的生态承载能力大不相同，发展格局大不相同，人口饱和度也大不相同，因此，不同地区的户籍具有不同的“含金量”。户籍改革本质上应当由各个地方根据自己的社会、经济、生态、百姓认知等实际情况提出方案并加以推动。与此相关的是土地问题，不同地区百姓的市场经济理性禀赋完全不同，土地价值和人均土地拥有量也完全不同，因此，土地问题不可能一刀切，只可能在若干粗线条的原则指引下，让各个地方分别探索，逐步地让土地在有规划的前提下流转起来，给农民更多的实惠。

改革方式的创新还体现在让实践走在争议之前，以实际效果来判断是非。改革是前人所没有尝试过的伟大实践，任何理论都不可能给出百分之一百的答案，只能让实践走在争论的前面。而中国最大的优势就是大国经济和超大型社会，地区间的差异和超大型的社会规模恰恰是让各个基层单位发挥创造力、想象力，不断探索的最佳条件。

值得期待的经济改革措施

就经济领域而言，若干重大的改革措施值得期待。

一是关于国有企业的改革。国有企业经过20世纪末的整顿和改革，已经呈现出运行相对良好的局面，利润总体上讲并不差，但问题出在整体效率并没有真正提高上。国有企业的机会成本很大程度上是民营企业的禁入，因此，国有企业本身利润水平的高低并不能完全证明国企经营的好坏。值得期待的是，这一轮改革的重点将是落实混合所有制，将国有经济与国有企业分开，国家将不直接插手国有企业经营，相反，国家通过控股投资公司的方式投资于国有企业、民营企业等，而民营企业本身也可以由国有企业入股，从而让国有经济与民营经济更好地、有机地结合在一起。这里的一个案例是广汽集团与吉奥汽车的合作，其合资公司中，广汽集团占股51%，吉奥汽车占股49%。这个广州国企与浙江民企的合作创造了一个以市场为导向的新合作方式，可以发挥双方的优势，使得国有经济的基础更加牢固，而企业的运行机制也更加灵活。这是一个非常值得关注的改革方向。我们期待，中国国有企业通过改革逐步改造为一系列类似于由新加坡淡马锡、新加坡政府投资公司或者韩国国家投资公司等投资基金持股的企业，中央政府和地方政府通过长期持有相关投资基金获得稳定的财政收入。这也是宏观经济稳定运行的重要基础。

第二个值得期待的是金融体系的改革。金融体系经过上一轮改革，已经脱离了商业银行资不抵债、技术性破产的困境，出现了蓬勃发展的局面。但问题在于，商业银行仍然在金融体系中占大头，而商业银行的规模过分庞大，导致其利润过高并挤占了其他金融机构的发展空间，也造成金融机构对中小型企业扶持、资助不力的不良局面。值得期待的是，随着国家打开民营经济进入金融体系的大门，大量民间投资的金融机构将像雨后春笋一样涌现。这些规模相对较小、运营相对独立的金融机构将会更加直接地为中小型经济实体服务，而区域分散的投资也将在很大程度上化解金融风险集中于若干大银行的尴尬局面。这将使得大银行更加专业化，在金融体系中的比重下降，而实体经济尤其是中小企业能得到来自金融部门更多的帮助。同时，相当一部分民营经济也可以进入到金融体系中，通过它们的运作让中国的储户得到更好的投资回报。

第三个值得关注的是进一步放开对民营经济的限制。当前，民营经济体拥有大量的资金，可是总体上讲找不到合适的实体投资方向。对金融部门，民营经济是有兴趣的，但更重要的问题是如何引导民营经济投资到实体经济中去。这一轮改革将从本质上大规模放松行政审批的限制，让民营经济自己投资、自己负责。可以预见，民营经济进入大型制造业、公共服务投资领域，进入之前属于垄断的石油勘探、页岩气等部门的限制将会大规模放松。在这个过程中，可以期待中国会出现一批正规的、国际化的民营企业。之前投资于房地产的民营企业有可能效仿香港地区李嘉诚的投资模式转向实体经济，这样的局面将是中国经济长期繁荣的根本保证。

总之，这一轮改革是过去10年来中国社会各界反复呼吁、长久期待的关键性的全面改革。这一轮改革成功与否，将直接关乎中国能否实现2021年"第一个百年"目标，也关乎中国未来市场经济的大格局和基本的制度框架。

如果这一轮改革能如期而至、扎实落实，中国经济在经过一两年相对痛苦之后，将有可能重新回到增速接近甚至超过8%的良好局面。

Chapter Three

第三章

改革抓手——未来的重点在哪里

如何重启改革①

> 中国模式仍在探索之中，而这种探索最好的试验场所就在地方。当前应当大胆放权，把大量经济立法的权限下放到省、市、区级政府，让各地政府因地制宜推行有效的改革措施，以地方的试验去化解认识上的分歧，以地方政府间的良性竞争打破利益集团的羁绊。这是重启改革征程最重要的方略，是唯一能打破改革僵局的机制，也是邓小平“南方谈话”给予我们的启示。

国际形势极为复杂的2012年，我们迎来了邓小平“南方谈话”发表20周年纪念。重温邓小平“南方谈话”及其后中国加快经济改革进程的这段历史，有助于我们勇敢地面对经济改革的复杂形势，重启改革征程，推动经济结构的调整。

大胆向地方政府放权，化解认识上的分歧，跨越利益集团羁绊

经过30多年快速发展的中国经济，已经初具现代市场经济的雏形。而现

---

① 原文载于《新财富》，2012年2月。

代市场经济体系中蕴藏着各种极其复杂的经济关系，既需要对经济进行有效的监管，又需要对监管者实行有效的约束，如何改革，异常复杂，因此出现了大量认识上的分歧。

与此同时，经过了30多年的发展，中国经济的利益格局已经逐步出现了固化的态势，也就是形成了既得利益集团对改革进行掣肘的情况，此时重启改革，也面临着各种利益的争斗。

在这种格局下，大胆放权，让地方政府，尤其是省、直辖市、自治区级政府，为了解决自己的困难和矛盾，因地制宜尝试改革，能以地方的试验去化解认识上的分歧，也以地方政府之间的竞争打破利益集团的羁绊。这几乎是唯一能打破改革僵局的机制，这也是20年前邓小平发表“南方谈话”的初衷。

地区间的巨大差距导致必须向地方政府放权

今天的中国，地区之间差距巨大，中国经济内部甚至可以折射出全世界不同经济体的差距。我们既有经济发达的沿海一带，其部分地区类似于今天的欧洲甚至美国；也有中等发达的中西部地区，经济发展水平类似于拉丁美洲和东欧国家；同时，我们也有极其落后的贫困地区，经济发展水平相当于非洲。

在经济发展水平如此参差不齐的情形下，整齐划一的、一刀切式的改革是非常困难的。比如说，新《劳动合同法》这一改革，经过了几年的实践，应该说是不成功的。因为中国的地域如此之广，经济发展水平差异如此之大，而且不同的行业、企业商业模式迥异，在全国范围内采取划一的《劳动合同法》，毫无疑问会给经济的发展带来阻碍。

相反，应该允许各个地方政府根据自己的经济发展水平，针对经济发展中的实际困难，大胆创新，探索新的经济运行体制，这才是从整体上促进中国经济进一步发展的根本之路。

具体说来，应该由全国人大常委会明确规定，把大量经济立法的权限下放到省、直辖市、自治区一级。举例来说，个人所得税和企业所得税就可以由地方立法来决定。有人讲，个人、企业所得税等税法如果各地不同，就会形成竞争。但事实上，持这种观点的人忘记了，我们当年在搞经济特区改革的时候，不就是允许特区免征或者缓征针对资本的税收，从而推动了特区的经济发展吗？而很多年以后，为了招商引资，各地区也实行了不同的资本税法。劳动力相对于资本流动性更低，对于不同地区的劳动力实行不同的个人所得税是完全可行的，这既能形成地区间的良性竞争，也能为下一阶段的个人所得税改革探明思路。

各地区完全不同的社会禀赋，也支持大力放权

各地区经济体制的发展，取决于当地经济制度的社会禀赋，其中既包括百姓的经济理性水平，也包括地方政府的执行能力和效率，还包括该地区民众对社会秩序和个人自由之间的相对偏好。不同地区百姓的经济理性水平是完全不同的，沿海地区民众能够很好地在市场经济规则下谋求个人的发展，而一些内陆和西部地区由于经济发展相对落后，很多百姓不完全懂得如何在市场经济条件下理性运行。经济学教科书所讲的“理性经济人”的假设，在现实生活中不可能完全成立，仅是理论上的假设。

各地政府的执行能力也是完全不同的：沿海某些地区的政府运行效率比较高，公务员素质也相对较高，所以，相对比较复杂的经济调节机制在此能得以推行；而其他地方政府的运行能力有限，在这些地方实行非常复杂的政府监管机制，效果往往适得其反。

而不同地区百姓的偏好也是不同的，有的地区百姓更加强调公共服务质量，更加强调社会治安，而其他地区的百姓更加强调个人的自由。因此，让各个地方政府通过当地的人大、政协等公共决策机构，充分讨论决定自己的经济体制改革的具体措施，这毫无疑问比在全国统一挂旗推行无差别的经济体制，更有助于提升各个地区自身的经济效益和社会福利水平。

放权会带来新的一轮地方政府体制改革的竞争

地方政府之间是需要良性竞争的。良性竞争事实上是一种约束机制，对地方政府形成一种压力，因为不同地区间的比较会让民众更好地判断各地政府的实际运行效率。大幅度的放权，让地方政府去推行自己的政策，将会形成一种良性的竞争机制。

以中国地方政府目前的运行情况来看，许多民生性的服务、许多针对外来工以及住房等方面的政策具有强烈的可比性。如果一个地方的政府对于外来工的政策和体制改革得相对比较到位，如果一个地区的社会福利搞得比较好，这一地区对外来人口的吸引力就会上升，而它的GDP以及财政收入的水平在一定时间之内就会不断上涨。这毫无疑问对现在地方政府的行为是有影响的。

在当前情况下，地方政府往往是靠更好地获得中央政府的支持来推动经济发展的，而我们需要的是，地方政府通过自身的改革，吸引各种生产要素流入本地区，从而推动本地区的发展。

中国模式尚未形成，地区之间的政府竞争是重要的探索机制

有部分学者在谈论中国模式，笔者的观点是中国模式尚未完全形成，到目前为止仍然处在一个探索的过程中。现代市场经济如何监管、如何处理政府与经济的关系、价值观如何凝聚，都是未来要形成一个中国模式所必须回答的基本问题。

要形成中国模式，必须经过一个探索的过程，而这种探索过程最好的试验场所就在各个地方政府，应当允许各个地方政府根据自己的情况进行探索，并将成功模式在全国范围内进行推广。当前讨论比较多的“重庆模式”“广东模式”，还有北京这样政府监管比较谨慎的发展格局，这些地方政府的管理方式和体制哪些比较合适，哪些在全国具有普适性，目前还没有明确的结论，是需要各个地方政府发挥创造力继续探索，需要全国的媒体和学者不断评判的。所以，大力放权，让地方政府在保障性住房、在经济管理体制、在对经济的调控机制等方面大胆创新，这是最终形成中国发展模式的必要条件。

2012 年中国经济面临种种困难，这种种困难恰恰带来了推动改革的良机。而改革的根本一点就是要大力放权，让地方政府发挥积极性，在保持宏观经济政策统一、有序的前提下，尽量让地方政府放开手脚、大胆探索，这是 2012 年重启改革进程的必要条件，也是最重要的一个方略。

新十年的改革何处是抓手①

在新十年刚刚开启之际，众多改革亟须推进，但又很难全面铺开，如果能够选取若干突破口，将有助于稳定经济增长，缓解各种社会矛盾，有利于新十年的平稳开局。三项改革可以成为切入点，其一是推进国企改革，放松民间投资限制；二是启动农民工市民化的民生工程，以此拉动城镇化和内需；三是标本兼治，狠抓反腐败，通过推行干部家庭财产和亲属身份公开制度，以制度创新根除权力过于集中等腐败源头，提升政府公信力和执行力。

中共十八大闭幕以来，新一届领导集体以崭新的面貌出现在中国与世界的政治舞台，很多方面让世人耳目一新，经济政策未来的走向令人期待。

的确，中国经济在过去十年取得了辉煌的增长成绩，但不可否认，过去十年的快速发展也导致了许多体制上重大问题的积累，如果不解决、不突破，中国经济不可能延续过去的高增长。相反，如果新一代领导人能够紧紧抓住机遇，全面推出一系列触及中国经济根本问题的体制改革措施，那么，中国经济完全可以在未来相当长时间内维持较快增长的格局，不仅能实现十八大

① 原文载于《新财富》，2012 年 12 日。

提出的在2020年全面建成小康社会的目标，还能为民族复兴奠定坚实的基础。

当然，在新十年刚刚开启的时刻，很难全面铺开所有的改革措施，必须有一定的选择和抓手。那么，此时此刻，最应该抓住的若干项改革的突破口在哪里？仔细分析，应该紧紧抓住三项重大改革，以此作为突破口，解决当前经济运行中最迫切的问题，以改善民生，同时更重要的是振奋民心。

推进国有企业改革，激发民间投资

当前中国经济运行中一个比较突出的问题，是如何维持一定的增长速度，以此来化解各种社会矛盾。就此而言，促进民营经济投资是关键。

中国经济当前的格局是，固定资产投资是保持经济稳定增长最重要的因素，而固定资产投资的融资总额中，真正经过金融机构中介的比重大约也就是50%，一半以上的固定资产投资是来自于企业自发的投资活动，尤其是民间的投资活动。当前中国民间的资金量是巨大的，但苦于找不到出口。如何能够释放民间投资的热情，刺激民间投资，对于稳增长而言无疑是至关重要的。

要促进民间投资，国有企业改革是一个重要的突破口。当前国有企业覆盖的行业极其广泛，在很多领域具有垄断能力，而其投资效率明显并不高，据中欧国际工商学院会计学教授许定波测算，资金回报率不到5%，而民营企业的回报率明显高于此。如果能够深化国有企业改革，向投资回报率更高的民营经济投资者开口子，将能直接带动民间的投资积极性。

具体说来，第一，要针对国有企业制定明确的经营范围，对超范围经营的国有企业，应该进行新一轮国有企业股份改制，探索国有资本逐步退出的机制。讲一个案例，我国某大型央企肩负着生产各种军用飞机的重任，对提升国防军备的数量和质量作出了重大贡献，功不可没。但是该集团的经营范围现在已经远远超出了军机的生产，其涉足的领域包括房地产、金融、家用音响设备等。短期来看，该集团在这些领域的经济效益还不错，但是如此庞杂的非军品生产和经营牵扯了集团决策者的精力，也不自觉地占用了一些国家的行政资源。改革的方向就是把那些与军用飞机无关的业务逐步剥离出去独立运行，并通过股份制改造，让国有股份逐步撤出。

第二，从国有企业撤资转出的部分资金，集中起来成立或注资若干国有基金，包括社保基金，由国务院直接领导。这些基金既可以投资其他民营经济，也可以部分地继续持有其他国有企业的股份，它们可以通过透明的运营方式，彼此竞争，盈利或资本增值部分上缴国家财政。也就是说，中国应该学习新加坡模式，成立若干淡马锡式的国家级投资公司，间接调控国有企业，它们的盈利更可以作为未来公共财政的基础，即，未来公共财政的收入不仅是税费，还包括投资所得。

第三，对于一些高度垄断的行业，国家应该有一个具体的方略，将其逐步放开。以石油、页岩气、煤层气为例，可以把一些区块放出来，面向全社会进行投资招标，而不是由若干家央企垄断。

第四，在严格把控环境评估的基础之上，大力放开包括民间投资在内的投资审批。原则上讲，国家发改委与环保部只进行出资和环保评估，只要项目达到环保标准，只要大部分资金来自于民营经济，只要银行贷款严格执行风险控制措施，那么政府就不用干涉具体项目的投资立项，完全由民间投资者决定。这样的措施能够大大提升民间投资的积极性。

以农民工市民化为突破口，促城镇化、惠民生

城镇化（城市化）将是中国经济未来很长时间之内的主要增长源泉，目前困扰中国城镇化的重要因素就是农民工没有市民化，中国约有两亿农民工长期在城市工作，但是家仍然留在了农村，并没有市民化。

不可否认，农民工实现市民化，在现阶段需要地方财政资金的配套支持，有人计算，多则50万一人，少则几万元一人。在此，必须启动一个改革试点，让各个地区去探讨不同的办法。中央财政拿出一笔钱，地方财政进行配套，各个地方积极探索适合本地的办法。

一个可行的办法是，先从已经长期在城市工作并且有固定工作单位的外来工开始，为他们补齐社会保障的资金；对收入较低者，允许他们申请保障性住房；他们的子女可以进入当地学校；但是，他们在家乡的耕地应该转让出去，转让的收入要与他们入籍城市政府的补贴挂钩；宅基地也应该部分保留或者取消，各个地方可以对此试点。

通过农民工的市民化，可以让一大批中小型城市，尤其是在特大型城市周边的中小型城市逐步做大，从而更好地发挥特大型城市的辐射作用。如北京周边的石家庄、沧州，在高铁开通后，已经和北京主城区紧密地结合在一起了，具有进一步发展的潜力。农民工市民化也能够极大地提升城市新居民的幸福感，这不仅是保增长、稳增长的机制，也是促内需的机制，是一个实实在在的民生工程。

狠抓反腐败，提升政府公信力、执行力

全世界的百姓都对腐败深恶痛绝，反腐是直接影响政府执行力和公信力的大事。新一代领导人在新十年的伊始就以反腐败为目标、为旗帜、为抓手，可以提升政府的执行力和经济把控力。

反腐败应该标本兼治。"标"指的是狠抓部分政府工作人员的违规行为，包括积极推行领导干部的家庭财产和亲属身份的公开制度。"本"指的是从本质入手，革除腐败的根源。腐败的根源往往就是权力过于集中，尤其是在经济领域，各种行政审批过程过于繁复，权力也过于集中，往往是一个人掌握"生杀大权"。因此，应该在一些重大的、特别容易出现腐败的决策过程中，如市政规划、投资审批等方面，探索新的制度，进行制度创新。比如，在各个重要环节设置外部委员会制度，临时性地、匿名地请外部专家来进行审批，其过程事后要公开，过程中人人要签字负责，类似于美国法院的陪审团制度。通过这种集体的、外部的决策方式，能够大大地减少内部人权力集中的情形，让相关的决策更加科学，在很大程度上杜绝腐败的滋生。

国企改革新思路——公共基金①

> 国有企业的根本问题在于政企不分，这一点几十年如一日，没有任何改变。今日研究国企改革，必须结合金融危机的基本经验，即公共财政的基础必须稳健，行之有效的办法是政府长期、合理、有效地分散持股。因此，国企改革必须探索新思路。国企改革可行的办法是，把国有企业从国资委划拨给若干独立于政府的公共基金；由这些公共基金大刀阔斧地减持国企股份，使国企获得新的投资人，以此厘清政企关系，转变机制，提升效率；同时用减持国企股份所得分散购买非国有企业的股份；合理参与公司治理；定期公开业绩；盈利上缴财政，夯实公共财政基础，提升宏观调控能力。

在经济学领域，对很多题目的研究是经久不衰的。在中国，国有企业改革，很不幸，也沦为了这类话题。笔者自己在20世纪80年代末读博士期间，以及学术生涯的起步阶段，研究的重点就是国有企业改革，曾先后多次参与组织对近千家国有企业的调研，以仔细分析国有企业的病症以及各种改革措施的效果。

① 原文载于《新财富》，2013年3月。

那个时代，国内外经济学界有大量关于国有企业改革的争论，记得美国匹兹堡大学的罗斯基（Thomas G. Rawski）教授、加州大学圣地亚哥分校的诺顿（Barry Naughton）教授等学者曾坚定认为当时国企改革大获成功，而我们一批刚从哈佛大学毕业的、深受科尔奈（Janos Kornai）教授影响的学者持相反观点，争论最后集中到了企业效率的测度问题上。当时我们的一篇文章论证，国有企业的效率不能用全要素生产效率（TFP）这个生产力指标来衡量，因为其行为不是纯粹的利润极大化，所以往往是市场效率越高，产量提高越快，经济效率越低。很不幸，至今为止大部分同行还没意识到这一点，仍然认为TFP是衡量企业效率的最终指标。当时的争论特别激烈，也产生不少经济学智慧的火花，这一点还是值得怀念的。如今中国经济的走势举世瞩目，而我们的辩论对手似乎英雄迟暮，也令人感慨。

到了21世纪初，国有企业的利润率逐步改善，很多同行以为国有企业改革的话题会逐步淡出研究领域。但事与愿违，今天，在中国经济转型与结构调整中，它又成为经济改革中的一个课题。国有企业如何改革？解决这个问题，应先从国有企业的病症以及病根开始分析。

国有企业运行的主要病状

国有企业运行的主要病状诸多，总结起来有两个。

一是经济效益的问题。经济效益不同于商业盈利，它不仅考察收益，也计算投入。国有企业经济效益低，在20世纪90年代表现为大规模的亏损(尽管税收＋利润总额始终为正)，而今天略有不同。今天，大多数国有企业从账面上看是盈利的，非金融业的国有企业一年的盈利在1万亿元左右，金融业国企的盈利大约也是 1 万亿元，一共约占 GDP 的 4%。但这种大规模盈利背后的经济效益却经不起推敲，也不等于其经济效益高。和国有企业所占用的资金和社会资源相比，其盈利是不尽如人意的。据中欧国际工商学院副院长、会计学教授许定波的计算，2007—2011 年，A 股上市公司中，中央国企的平均资金回报率为 3.55%，地方国企为 3.66%，均远远低于民营企业 5.68%的资金回报率水平。

国有企业病症的第二个表现，就是往往不按市场经济的规则办事，干扰市场经济运行，这尤其表现在一些垄断部门的企业身上。它们往往可以通过游说来改变市场经济的运行规则，在很大程度上影响中国经济效率的提高。最让人诟病的就是国有企业赢利而不分红，在很大程度上导致了中国经济高投资、低消费的格局，拖了经济结构调整的后腿。金融危机前，笔者作过相应的研究，发现中国一半以上的固定资产投资来源，是企业的未分配利润。2013 年，清华大学中国与世界经济研究中心又对这一数据进行了更新，发现金融危机后这一趋势不仅没有下降，反而有所上升。

国有企业运行的病根

从 20 世纪 80 年代末开始，笔者就开始进行国有企业的研究，现在回过头来看，当时研究的基本结论仍然是成立的。可以说，几十年如一日，国有企业问题的本质并未改变。

国有企业的病根在于政企不分。国有企业本身既是政府机构，又有企业的身份，其高层管理人员往往都是政府直接任命的，而这部分官员的职业生涯，往往又和政府紧密结合在一起，他们的行为目标往往是在仕途上有所发展，这就是国有企业的根本问题。由于这一弊病，国有企业的经理才不可能也不愿意完全按市场经济的原则办事。固然，在一定场合下，国有企业由于具有政治性，可以稳定宏观经济，可以在宏观经济极为困难的条件下稳定就业，但它牺牲的是企业的效率，带来的也是国有企业不完全按市场规律办事这么一个结局。

制度创新，厘清政企关系，从本质上推动国企改革

新时代的国有企业改革必须有新的大思路，而不是意识形态化的口号，粗暴地把国企一卖了之，一分了之。在经历全球金融危机之后，这是笔者认为特别需要强调的一点。

金融危机以及欧债危机的基本经验是，一个经济体要具备一定的抵抗经济波动的能力，其公共财政必须要有一定的储备。美国、欧洲大部分国家以及日本之所以落入今天的困境，一个基本原因，尽管也许不是唯一原因，就是它们的公共财政在经济周期的高点其储备远远不足。这种公共财政储备最重要的一条，就是政府必须要持有一定的资产，而国有经济应该成为政府财政储备的一大支柱。挪威、智利、新加坡等都是正面的例子。但是，国有经济并不等于国有企业，国有经济应当是通过国家持有相当的各种企业的股份来实现的。

国有企业改革的大思路是什么？时至今日，中国市场经济的基本格局已经形成，在这种情况下，应通过制度创新，大刀阔斧地减持国有企业股份，以此厘清政企关系，同时分散购买部分非国有企业的股份，持有一部分社会公共企业（包括国有企业）的股份，以此夯实公共财政基础，提升宏观调控

能力。

具体说来，第一，借鉴挪威、新加坡等经济体的国有经济运营管理办法，由中央与地方政府分别成立若干独立于政府的公共基金，这些基金持有国有企业的股份，按照现代公司制度参与企业的治理，而这些国有基金也可以投资于非国有经济。

第二，此后，这些公共基金逐步从现行国有企业的股份中撤资，使其持有的国有企业股份比重大幅度下降，同时在国有企业中引进民营经济，在股权方面实现民进国退。

第三，公共基金的运行机制要定期向全社会公布，其经营利润要上缴给相应的政府财政，成为各级政府公共财政的一部分。公共基金彼此竞争，相对业绩公开透明。

第四，对于垄断性行业，必须要引入新的企业，形成一定的竞争性格局。在现实生活中，像经济学教科书中所说的自然垄断的领域，是极其少的，甚至根本不存在，即便像自来水、电力等所谓自然垄断的行业，现实中完全可以在这些领域建立数家相互有一定竞争关系的机构，让它们彼此互相竞争，类似于电信行业中中国移动、中国电信、中国联通三者竞争的局面。

通过国有企业的市场化改革，当前国有企业政企不分的病根将会在很大程度上解决，国有企业的行为也将改变，公共财政的基础将得以巩固，整个中国经济的活力将会上升一个台阶。

城镇化——中国模式能否成器的关键之举①

中国即将迎来城镇化加速发展期。由于城镇化具有集聚效应和历史路径依赖的特点，因此，其进程不应完全依赖市场的力量，也不能全盘由政府去计划控制，而应以市场力量为基础，在生态环境优先、重大产业布局等问题上实现政府与市场的有机结合。如果能够解决这一难题，未来中国模式将呼之即出。

中国经济下一阶段的增长点在哪里？中国如何突破中等收入陷阱？经济发展如何真正让老百姓得益？解决这一系列重大课题的关键是城镇化。

当今中国尽管经历了30多年的快速发展，但名义的城镇化水平刚刚超过50%，远远落后于同等发展水平的其他经济体。根据笔者2005年的研究，中国名义的城镇化水平，包括计入常住城镇人口的比重，比之于相应经济发展水平的国家整整低了11个百分点。如果考虑到中国名义的城镇化水平包括了那些常年住在城镇、在城市打工但并没有融入城市的外来务工人群，那么中国实际的城镇化水平更加落后。

城镇化将带来长期的投资和发展，带动一大批基础设施的发展、产业的

① 原文载于《新财富》，2013年2月。

重新布局和转移、居民消费水平的不断提高，毫无疑问将成为中国经济未来十几乃至20年发展的最大动力。城镇化也是让中国一大批中低收入家庭能够逐步享受到较好的公共服务、健康文化服务的必经之路，是一个重大的民生问题。

我们的研究表明，中国的城镇化将迎来一个加速发展时期。按照国际规律，城镇化往往分为慢、快、慢三个阶段，即在经济发展水平比较落后的时期是慢速的，经济发展进入中等水平之后将明显加快，达到高水平之后又会放缓。图3—1中的点是世界各国过去50年城镇化率与人均GDP的数据点，上面的曲线是世界各国历史上城镇化率与人均GDP的关系，下面的曲线是中国城镇化率与人均GDP的关系。从中明显可以看出，中国的城镇化率低于世界相应经济发展水平的国家，同时，中国已经进入城镇化加速阶段。①

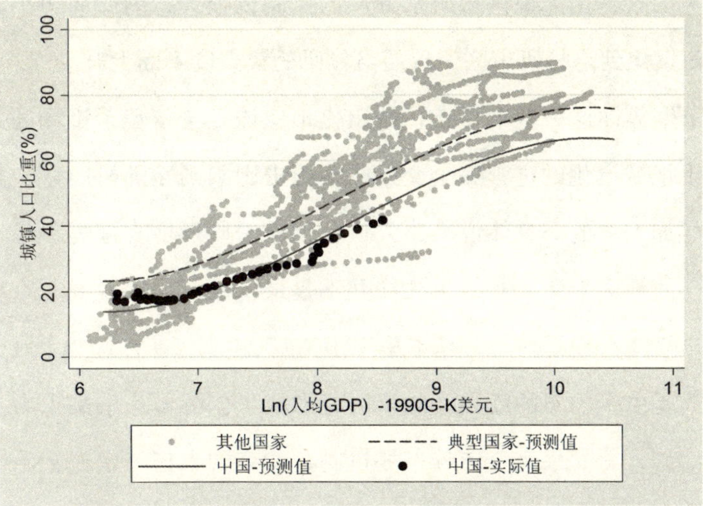

图3-1　世界各国过去50年的城镇化率与人均GDP

① 李稻葵、冯俊新，“城镇化基本规律研究”，清华大学中国与世界经济研究中心工作讨论稿，2005。

城镇化的最大难点在于政府与市场的有机结合

城镇化的进程不同于绝大部分其他经济活动发展的过程，其中具有巨大的集聚效应和历史路径依赖。也就是说，如果某一个地区出于各种原因，初始的城镇化水平比较高，聚集能力比较强，那么这种力量将不断地发展，该地区最终会成为一个重要的大城市乃至特大城市。相反，另外一些地区尽管具备了大城市的基本要素，但是由于起始的推动力不足，以至于永远发展不起来。这种例子在国际上比比皆是。美国的洛杉矶是一个极端缺水的地区，但是现在已经发展成美国第二大城市，这不见得是自然条件所导致的，还有一些人为因素，比如说洛杉矶水务局的控制权很大，因此周边小城市的人口都不得不聚集到洛杉矶市区，致使洛杉矶的集聚度不断上升。

由于聚集性这一基本特点，城镇化不应该完全依赖于市场的力量，否则就相当于把城镇化的进程完全交给一些历史因素乃至随机因素，其发展的后果是不尽如人意的。具体说来，人口会朝着一些环境支撑力不足、地理位置并非最佳的地区聚集，其结果往往并不是最优的。比如说，北京地区的水资源不足，年降水量不均匀，基本集中于7月、8月、9月这3个月，很难合理利用，但是由于历史的原因，北京已经形成了国际都市的集聚力，水资源必须从外部调入。如果完全依赖市场机制，北京的人口一定还会不断攀升，最后形成巨大的生态承载难题，因此必须合理规划控制。

但历史经验也表明，如果完全由政府去计划控制城镇化进程，而不让市场的力量发挥作用，那么城镇化发展的结果往往也是悲剧。在苏联时代，这种人为规划所产生的工厂型城市比比皆是，它们自身并没有后续的生存力；

没有市场的推动力量，这种城市的生命力是非常有限的，最终会枯竭。市场必须发挥基础的力量，这一点也是城镇化以人为本的基本要求，因为市场的力量往往比政府的力量更人性化，更有柔性，是千百万百姓自发的决策所导致的。如果不尊重这种市场的力量，等于违背了个性化要求。举例说来，如果百姓都愿意向某些大城市聚集，而政府却设置种种障碍，这与当今世界以人为本的大趋势是相矛盾的。

城镇化是树立中国模式的关键一步

学术界争论已久的所谓中国模式问题，至今并没有结论。稍微有基本共识的一点是，如果将来出现一种中国发展模式，那么这种模式的基本特点一定是政府与市场的有机融合，即政府通过合理的监管规划让市场更好地发挥作用，而市场又是推动经济发展的基本动力。这种发展模式与西方几百年以来基本上靠市场力量推动的发展方式截然不同。

所以，基本上可以形成共识的是，如果我们能够在政府与市场有机结合问题上做好文章，那么中国模式未来自然会呼之即出。城镇化恰恰是未来十几年中国经济不断走向成熟、跨越中等收入陷阱而逐步形成自己的市场格局与体制特色的基本发力点。如果在城镇化问题上中国能够实现市场与政府力量的有机结合，那么中国模式将会自然而然地被世人承认、研究甚至借鉴。

市场与政府如何有机结合

城镇化问题上，市场与政府的有机结合主要应该体现在三点。

第一，生态优先。政府必须对各个地区的环境承载力有基本的研究和规划，我们称之为生态环境优先。各个地区的环境承载力完全不一样，这一规律任何人都不能违反，美国这样强大的经济体也不例外：像拉斯维加斯这样在沙漠中建立起来的赌城，那是小规模的独特的人间奇迹，不具有复制价值。经济学鼻祖亚当·斯密对于环境问题有精辟的论述。他在《国富论》里谈道，那些有着毛细血管般支流的河流入海口处，具备着商业和工业发展的巨大潜力。无疑，亚当·斯密看到了，商业最应该发展的地方是大河三角洲。事实上，英国等列强在鸦片战争之后所签订的、旨在打开中国两个三角洲的不平等条约，就是遵循着亚当·斯密的这个潜在规划思想。当今中国最大的环境承载因素是水，哪里有水，哪里就能够承载大规模的人口和产业；哪里缺水，哪里就会出现人口与产业发展的瓶颈。根据这一原则，长三角、珠三角等地区仍然具有强大的产业和人口承载能力，未来中国的超级城市群一定会出现在这两个地区。

第二，重大产业布局是关键。现代政府不可能完全规划到细而又细的各个产业，但是最基本的产业发展概念是应该有的，亚当·斯密在《国富论》中的论述蕴含了这个思想。比如说，钢铁企业就应该建在临海处而非内陆，其根本原因是钢铁需要大量的物流，而煤和铁矿石从海上运输是最适合的。本着这个原则，北京附近非临海一带的钢铁厂应该逐步撤到临海地带。再比如说，高科技和服务业所依托的是良好的自然和人文环境，中国拥有这一优势的如青岛、大连、昆明等地区，对于高端的研发和培训业具有天然的吸引力，这种优势应该通过政府的协调来发挥。

第三，市场为基础。市场的推动力来自于千万个个体和家庭，与行政力量不同，它更为人性化，是个体自主决策的结果，所以市场的力量是根本，而且其中的关键是要逐步打破人口流动的限制，让百姓能够自然地迁徙。这种市场的力量也包括地方房价会随着产业的布局和环境承载力的变化而产生变化。如北京这样的地区，未来的房价一定会比之于全国其他地区更高，其他生活成本也会更高。通过这种机制，将会自然形成北京人口不断膨胀的一道屏障。正是这种市场的力量，才能够逐步取代人为的户口限制。而这种市场的力量，也需要基础的政府制度建设来扶持，比如说土地制度，未来应该允许农民逐步地将自己在农村的生产用地和宅基地转让出去，通过这种方式让农民获益，并自愿选择向哪里移民和如何发展。

城镇化不仅是未来中国经济持续增长和民生福祉提升的必由之路，也是最终形成中国发展模式的重要锻造车间。城镇化这篇文章做好了，中国经济将会持续发展，中国模式最终也将在世界上树立起来。

城镇化，中国汽车产业的最后机遇①

> 城镇化还会带来汽车销售大格局的变化。目前大城市的汽车销量为全国的60%，这个格局一定会改变，三四线城市未来10年会出现第一次购买汽车热，主要是购买中低端汽车的浪潮，这股浪潮过去之后，这些城市也将会出现拥堵、污染，会继续延续着一二线城市的发展模式。

关于城镇化与中国汽车产业的发展，笔者主要有以下三个基本观点：第一，城镇化是汽车行业全面增长的一个重大机遇；第二，城镇化将会从根本上改变汽车行业的市场格局，尤其对自主品牌产业而言，蕴含着重大挑战；第三，自主品牌需要做一些根本性的调整，对此笔者提出四方面的建议。

为什么城镇化对于整个车市而言是一个重大的利好

2008年笔者做过测算，中国名义的城镇化水平比之发展水平相关的国家要低11%～12%，所以我们一直在追补。从现在开始到2030年，我国城镇化

① 原文载于《汽车纵横》，2013年第12期。

的速度会迅速加快，每年的城镇化率都会至少提高1%，而每提高1%的城镇化率，就会带来1.5%～2%的GDP增长。城镇化不仅能够带来整体经济规模的持续上涨，更重要的是，它会改变百姓的消费结构。

如今，三线城市居民的月收入能够达到2000元左右，这个水平意味着要买一辆经济型车需要两年时间，到了这个阶段，汽车消费会加速。所以，笔者相信这样一个判断，未来10～15年，中国的车市规模将会随着总体GDP的增长而发展，即经过10～12年的努力，新车的销售量与总体规模大概会从每年2000万辆上升到每年4000万辆，经过这个阶段之后可能会逐步放缓，之后二手车将会成为市场消费的主力。

为什么城镇化对汽车行业而言也蕴含着巨大挑战，尤其是对自主品牌产业

城镇化过程将会彻底改变汽车规模的格局。

一二线城市的车市规模不可能有大幅度的上涨，因为一二线城市的居民在使用汽车过程中已受到种种限制。由此笔者预测，十八届三中全会之后，市场机制将会在调节大城市汽车的购买和使用中发挥更大作用，比如说，一线城市和一部分二线城市会从现在的限行、限购政策转化为一种以价格信号为主导的汽车消费限制政策。更具体地说，目前靠摇号限购的政策一定会改变，如果不改变，效率太低，真想买车的与凑热闹的一起排长队，怨声载道。北京的摇号迟早会转变为上海的拍卖形式。而至于现行存量的号怎么处理，笔者建议存量的号可以通过某种方式进入到拍卖池，从而盘活存量。拍卖牌号的方式一方面既限制了大城市总体车辆的上升速度，另一方面也会促使大

城市的居民购买高端化的汽车，因为牌号费本身就是一个门槛，好不容易拍到了牌号，怎么会买低端车？所以城镇化会带来汽车消费的高端化。

除了高端化外，大城市还要追求绿色化。北京市政府会采取一定的地区性措施补贴，补贴新能源汽车的消费。

城镇化还会带来汽车销售大格局的变化。目前大城市的汽车销量为全国的60%，这个格局一定会改变，三四线城市未来10年会出现第一次购买汽车热，主要是购买中低端汽车的浪潮，这股浪潮过去之后，这些城市也将会出现拥堵、污染，会继续延续着一二线城市的发展模式。

因此，中国的汽车企业、自主品牌千万不要浪费掉最后的一次发展机遇，不要浪费掉三四线城市购买中低端产品的机遇，这个机遇过去之后，这些城市也将开始走向高端化、绿色化。

对自主品牌的四个建议

第一，建议将服务提升到与品质同等的水平。中国的制造业企业在服务方面不输国外品牌，有很多案例足以证明，如海尔、格力等。汽车需要的服务比家用电器多得多。作为一位汽车的用户，谁也不喜欢将时间花费在4S店。因此，企业应在服务上多下功夫，比如上门服务，或把车开回到4S店修理。抓住服务，这将是中国企业的优势所在。

第二，自主品牌要抓出口。目前，国际上已有大量的新兴市场出现，这些市场总会有小缺口或漏洞，比如发达国家的汽车大部分都为中高端车型，同等车型的价格都比中国自主品牌的稍贵。发达国家汽车品牌中1万美元以下的产品是非常少的，而印度塔塔那样2000多美元的汽车质量又太差，我国自主品牌恰恰可以填补这个空缺。所以杀向新兴市场国家、走出口战略是一条非常可取的路，不要放弃，必须坚持。

第三，要抓汽车行业后面大量的隐形冠军。零部件是汽车行业的隐形冠军。看车展，外行欣赏车模，内行看概念车，投资者看零部件。中国的车企要研究如何在关键零部件有所突破。这里面学问很大，这方面我们与发达国家的差距比整车更大。但也要辩证地看，正是差距大，一旦有一点突破，回报会不成比例地高。

第四，要紧密关注汽车行业最新的发展动态。笔者预感到汽车行业正在发生一场革命，过去 3 万多个汽车零部件组合成一辆汽车，今后可能变成 3000 多甚至 300 个零部件组成一辆汽车。从硅谷走出来的特斯拉就是按这个方式设计和生产电动车的。也就是说，未来的汽车也可能会数字化、集成化、标准化，就像今天我们的手机、电脑。如果形成这样的趋势，自主品牌车企也必须要提前牢牢抓住。就像联想、海尔一样占领这个市场，这样，中国的汽车产业将会上一个大台阶。

房产税发力点应是业主与政府良性互动①

不要指望以房产税抑制高房价，它不能改变当前投资买房的期望。但这个税应该收，这是整体税收体制改革的重要一步，关键是，这笔费用应该交给基层政府用于提高地方公共服务的质量，并且要求政府定期向业主通报税收使用情况，接受后者的监督，由此形成纳税人与征税人之间良性的互动，并以此让地方政府尽快远离出卖土地的收入模式。因此，房产税必须发力于业主与政府间的良性互动。

2009—2010年，中国经济在金融危机后出现了比较快的恢复，但是，地产价格过快的上涨，又成为最大的政治和社会问题，其影响远远超出了经济、金融的范畴。这一背景下，不少地方政府摩拳擦掌，纷纷设计本土版本的地方房产税。笔者认为，房产税应该收，但同时要看到，在中国当前的环境下，这一税种不可能缓解房地产价格的上涨；不过，从改革地方财政税收体制的角度看，这个税应该收，更应该利用好。

① 原文载于《新财富》，2011年2月。

别指望以房产税控制高房价

当前房价上涨的根本原因，是房地产市场已经成为中国最大的投资市场之一，众多百姓，尤其是收入较高的阶层，把投资房地产作为财富管理最主要的方式，而过去10年来的房价走势也确实为这一理念提供了再好不过的佐证。这种百姓已经形成的房地产价格“只会大涨不会小跌”的预期不断自我实现，支撑了当前房地产价格一轮又一轮的上涨。究其原因，这是百姓投资渠道不足加上流动性高涨所造成的。问题在于，由于中国的财富积累与其他任何一个市场经济社会一样，是不均衡的，因此，巨大的财富差距不仅体现为百姓房地产持有量的不同，而且，在中国当前土地存量不可能大幅增加的情况下，拉动了地产价格的持续上涨。

根据这个分析，只要百姓对于房地产价格上涨的预期不变，仅凭征收房产税是不可能缓解价格上涨趋势的。因为从政治层面考虑，房产税的税率与百姓预期的资产价格上涨幅度不可同日而语：中国目前房产税税率的上限也就是1%左右，而百姓对于房价上涨的预期是以10%为计价单位的。因此，房产税不可能起到缓解房地产价格上涨的作用。

关于这一点，最基本的证据就是当前许多家庭或个人购买房地产之后，既不自住，也不装修，更不出租，而是完全闲置。毫无疑问，这种闲置在短期内牺牲了租金回报，而中国目前的租金回报率最低也能在2%左右，明显高于即将开征的房产税税率。这种不租、不住、不装修的行为，突显出在房地产价格不断上涨的预期下，许多百姓不认为所牺牲的2%租金是一个巨大成本。因此可以推断，1%左右的房产税对买房投资的行为不可能有重大影响。

与此同时，我们必须要看到房产税的社会成本。它会带来民众对政府的不理解和不信任，房产税在很大程度上会被百姓理解为政府掠财的手段，这对于政府的公信力毫无疑问是有负面影响的。尤其是在当前的公共财政体制下，纳税人与政府支出行为和方向之间的关系极为薄弱，纳税人与税收支配者之间的矛盾不断加深。这种情况下，依赖房产税来调节房价是不现实的。

房产税的关键是业主与政府间的良性互动

尽管房产税对于调节房价本身作用不大，但是笔者认为，这个税还是应该征，但应该以非常低的税率来征，比如千分之一，同时逐步扩大房产税的税基，也就是说，对存量房也逐步收税。

而要充分发挥这一税种的作用，关键是用好房产税。原因很简单，房产税应该成为地方政府直接为业主服务的一种超级物业费。房产税应该交给基层政府专款专用，用于包括扫街、治安、交通、环境治理等方面，以提高地方公共服务的质量。

如果地方政府能够比较好地使用房产税，同时定期向纳税人汇报，那么，就很容易形成著名经济学家蒂布特（Charles Tiebout）等公共财政学者长期研究的情况，即，地方治理搞得好的地区，房价会涨；房价涨了之后，地方服务继续提升，这就形成了一个地方政府与纳税人之间的良性互动关系。一旦这种良性关系形成，就能够打开中国公共财政的一个死结，那就是纳税人与税收使用者之间的对立情绪。房产税可能帮助我们恢复公共财政之本色，即政府为纳税人服务。

总之，房产税应该收，但发力点不在控制房价，而在于建立纳税人与政府间的良性互动。关键是这笔费用应该交给基层政府来使用，通过这个办法为地方政府寻找新的、可持续的、良性的、互动的财政基础，让地方政府尽快远离出卖土地这种不可持续的收入模式。如果这一目的实现的话，那么，不仅中国房地产业的体制改革可以迈出重大一步，中国公共财政的改革也能推进一大步。

破除个税迷信[①]

> 不少人对个税有迷信，认为是调节收入分配的灵丹妙药。事实上，个税是政治成本最高、交易成本最大而对社会公平无助的税种，美欧等国早已认识到这一点，提出了众多改革方案，但无奈制度的路径依赖，至今无法走出泥潭。因此，中国应该破除对个税的迷信，明确公共财政两大基础，一是低税率、宽税基的流转税，辅之以针对个人的消费税免征额，以此促进最终消费的公平性；二是以基金方式广泛持有社会资产，以此获得长期稳定、征收成本低廉的财政收入。

学术界，最不应该讲的就是民主原则，在学术探讨中，当一个少数派，是最幸福的。在个税问题上，笔者的观点应该属于少数派。笔者坚持认为，个税不应该成为中国税收体制的支柱，流转税如增值税外加国有基金应该成为公共财政的基础。

在经济学界，尤其是公共财政界，主流的观点似乎是完全相反的。主流观点认为，中国应该将当前主要来源于间接税的财政收入模式，转向西方发

① 原文载于《新财富》，2012 年 4 月。

达国家那样的直接税，即个人所得税及财产税为主的模式。他们认为，个税可以调节收入分配，增进社会平等。

对于这一观点，笔者是完全不赞成的。笔者的论点是，如果稍微研究一下其他国家的实际情况，就可以发现个税事实上是政治成本最高、交易成本最大而且无助社会公平的税种，包括美国在内的发达国家早已意识到这一点，改革的呼声长期不断，但是由于制度的路径依赖，无法走出泥潭。

个税是政治成本最高的税种

毫无疑问，任何税种的征收都有政治成本，因为税收本身带有强制性，国家往往需要通过强制的手段征税。问题的关键是，如何尽量减少其中的政治成本，也就是说，如何尽量让纳税人心服口服地积极纳税。因此，降低征税的政治成本的核心，应该是政府与纳税人之间形成一个比较直接的、相对默契的潜在契约，那就是，纳税人依法纳税，尽自己的义务；政府反过来给纳税人提供相应的服务。这种服务可以是各种形式的，可以是公共产品的服务，也可以是荣誉上的承认，更可以是直接帮助纳税人解决各种具体困难。

按照这种原则，我们来比较一下个人所得税与针对企业或者各种经济交易的税种的政治成本。个人所得税的纳税人，包括高额纳税人，是个体。这些个体纳税人由于为数众多，很难感受到政府专门为他提供的各种服务。即便是政府提供的义务教育、治安、国防等服务，由于人数众多而产生搭便车的心态，个体纳税人往往感觉不到这种潜在的社会契约的存在。尤其应该注意的是，纳税多的个体纳税人往往是高收入阶层，他们一般很难感觉到由于本人的纳税额高而得到更多的公共服务，相反，由于对相关服务的要求较高，这部分人还往往会游离于医疗、失业救济等公共服务体系之外，这就容易导致个税纳税人对纳税存在极其抗拒的心理。不幸的是，这部分人的政治及社会影响力往往比较大，久而久之，社会稳定的心理基础难以为继。

这也是美国这么一个反复标榜以自由主义精神为建国理念的国家，尽管在很多方面能够成为世界上吸引力首屈一指的移民国，但很多成功人士最后却往往放弃美国国籍的原因所在——他们不堪美国个税的重负。这样的例子比比皆是，包括早年的卓别林（当然其中还有一些政治因素）等名人也不例外。据《华尔街日报》报道，近年有越来越多的亚裔选择放弃美国国籍，原因正是为了躲避越来越沉重的税负和资产申报义务。美国官方出版物《联邦公报》（*Federal Register*）则披露，2010 年有超过 1500 人放弃了美国籍。更有甚者，美国前总统小布什在金融危机前宣布一项政策：任何人放弃美国国籍之后，美国政府在 10 年内仍然有追究其偷逃个人税收的权利。对于美国而言，个税实际上是一个重大的政治成本，其不仅没有给国家加分，反而令其丢分。

痛恨个税已经成为美国大众文化的一部分。美国人都知道有一个税收自由日，2011 年是 4 月 12 日，即一个典型的美国人，从 2011 年 1 月 1 日到 4 月 11 日都是给政府打工的，4 月 12 日才开始给自己挣钱。不止一部好莱坞的电影有这样的镜头：总统问一个为国家立了大功的公民有什么要求，回答："永远不用缴个人所得税！"

当今中国的情况是，个税本质上就是工资税，纳税人主要是工薪阶层，高税额、高累进的个税令其怨声载道。中国的个税，尽管仅仅占全国税收总额的 6%，但它的政治成本是最高的，超过其他任何一个大税种！回想 2011 年年初，围绕提高个税起征点，全国舆论沸沸扬扬，乃至人大常委会举棋难定，最后一分钟决定再进一步提高起征点，实属罕见！这恰恰反映的是当今中国个税体制的巨大政治运行成本！

相反，我们看一下间接税。间接税是在交易的过程中缴纳的，而交易的过程往往需要政府有力的监管和法律的保护，因此，间接税可以直接和政府提供的法律保护和监管相联系，这就好比农贸市场需要有工商部门的监管，所以农贸市场缴纳一定的摊位费是合理的一样。更重要的是，间接税的缴纳主体主要是企业，对于企业而言，这是与政府天然的联系。依法纳税的大企业，往往会得到政府应有的服务和照顾，这是一种良性互动关系。在中国，企业中的“纳税大户”不仅会获得地方政府颁发的锦旗，还会得到政府各方面的帮助，这也是中国经济过去30年蓬勃发展的一个最基本的经验，也就是说，地方政府与企业是一种合作而不是掠夺的关系。未来，如果中国的经济模式能够建立起来的话，这应该是中国模式的一个重要特点。

因此，整体来看，个人所得税的政治成本是最高的，而间接税的政治成本是最低的，甚至可能是负成本。这一点，芝加哥大学保守的经济学家早已承认，凯西·马利根（Casey Mulligan）教授曾经写过一篇学术论文，论述为什么美国人走上了个税之路，他说，个税的政治和交易成本高于间接税，这恰恰让美国民众团结起来反对高税率，强迫美国走小政府之路。他也许说得对，但是他没有想到，收不上来税的一个后果是今天的债务危机，而债务危机的成本一点不低。

个税的交易成本是最高的

与间接税相比，个税的交易成本之高毋庸置疑，在各种常见税种中，个税是最高的。个税交易成本高最基本的原因是，社会上每个家庭和个人原本没有自己独立的会计核算体系，绝大部分的家庭不可能天天记账，一般不愿为了记录自己的收入、支出、资产等耗费大量脑筋，而这恰恰是缴纳个税所必需的！与此相反，间接税的缴纳主体是企业，任何稍微正规的企业必须有自己严格的会计、审计等体系，在这个体系之上，附加一点计税、缴税、纳税的功能，边际交易成本基本是零。

这一道理听起来很抽象，但确实是百分之百存在的。笔者在美国生活过近20年，根据笔者的计算，每一个家庭为了在每年4月15日前报税，至少要划出一个星期的时间，搜集相关的收入支出资料、汇集报表以及做好记录，不仅用以报税，更是准备未来几年之内被美国税务局审查。如果过去一年买卖装修了屋子、买卖了股票、动用了退休金、请了保姆、搬了家、换了工作、从两个以上的州获得了收入，祝贺你，你的报税工作可比没学过高中数学的姚明去学大学线性代数还难！请专业会计吧！即便花钱请会计，你的每一项记录必须完备，要随时备查。笔者认识的一位大学教授在家里准备了一个大箩筐，他所有出行的收据都往里扔，以便作为个人商业支出抵税。一年下来，多如乱麻，必须花大量精力仔细整理。这不就是公共财政对私生活的粗暴干涉吗？

笔者曾经估算过，美国家庭用于报税花费的时间，相当于一个家庭非工作闲暇时间的4%，其中损失的社会成本可想而知非常之高。事实上，每年4月16日凌晨，美国很多的大城市都会在邮政广场举办庆祝活动，千百万的家庭会为了终于完成税表而欢呼雀跃。这充分彰显了美国的个税体系是老百姓一个巨大的会计负担。

个税的交易成本，还反映在另一方面：由于个税往往是累进的，因此，社会上生产效率最高的一部分人群，因为要付巨额的税收而工作动力不足。这一点在欧洲非常明显：当地年收入超过一定范围的工作者，50%以上的收入要用于交税，因此，这部分人的基本考虑是，与其加班加点，不如去沙滩度假晒太阳。其工作热情下降，必然带来整个社会创业、创新能力的下降以及就业职位的减少，最后伤及的还是一些中低收入家庭。同时，这种高累进税收的最终成本也是由企业来分担的，因为企业如果不支付更高薪酬的话，这部分人不愿意全力投入工作。

与此相反，间接税是非常简单的，因为间接税很难与每个单位的累计交易量相挂钩，因而是线性的。同时，间接税的税基一般来讲非常大，因为它涉及社会交易的每个方面，因此，这个税率可以降得比较低，比较平。税基广，税率低，必然带来交易成本的下降，以及无谓损失的下降。

个人所得税实际上达不到增进公平性的作用

人们一般以为，个人所得税可以调节收入分配，因此，公平性很强。这个观点是对个税的巨大误解。

首先，我们来分析一下社会上不平等的核心是什么。社会的不平等，本质是一种主观幸福感的不平等，而主观幸福感的不平等，与收入之间并没有直接的联系，并不一定能说高收入人群的幸福感就高于低收入阶层。比收入更直接与主观幸福联系的，应该是消费，包括对消费类资产（如豪华别墅）的占有。也就是说，消费多的，即对服务和消费品占有多的群体，幸福感也会上升，这比收入的高低更能说明社会不平等。因此，要增进社会的公平性，最直接的办法应该是调节消费，而不是收入，应该试图使得消费相对均匀。

而在消费领域调节社会差距、减少不平等的办法，可以是对奢侈型的消费增加税收，对经济型必需品的消费减少税收或者免税收，最好的办法是给每个人一定的免征消费税的上限，上限之外的才缴税，或者就是一个基本的收入补贴。比如说，对游艇、豪宅、大排量的汽车抽取奢侈税，这在国际上是一个非常普遍并被广泛认可的办法。再比如说，对食品、非时装类的基本穿着免税，这类政策在美国很多州也已实行。而对部分的农产品，比如奶制品，甚至可以通过实物补贴的方式对低收入家庭进行补贴，这更是发达国家一个通行的做法。用这种方式调节社会的不平等，比间接的转移支付方式来得更加直接。

也许，在公平性问题上，最需要强调的是，即便我们的目标放在了减少收入差距上，也应该从导致收入差距的根源上做文章。收入差距的根源，往往是社会经济制度和政策出了问题，比如说，一些行业出现了高度垄断，一些部门出现了监管不力，好比在金融行业，由于监管不力，使得一些公司获得了暴利，对这类现象，应该打破垄断或者从监管入手，也应该鼓励年轻人进入这些行业。同时，大家往往忽略的是，金融业虽然看起来收入很高，但其中的很多部门工作时间超长，压力极大，一般是年轻人打拼的职业，一个人在其中的工作生涯是很短的。如果按整个职业生涯的收入或者每小时工作报酬折算，这些部门的绝大部分从业人员与其他行业的差距并不是那么悬殊。而对于石油这样的高垄断行业，更是应该打破垄断、加强监管，从根子上减少收入的差距。

对于竞争性行业的高收入，则不应盲目予以调节；对于知识和技能等后天因素带来的正当的收入差距，更不应盲目予以消灭。收入无非是一种社会符号，消费是最终幸福感的重要因素，如果纯粹按照收入高低论证社会不平等，就好像说时髦的女士喜欢穿与众不同的红衣服而引起关注度的不平等一样，同样按照这个逻辑，对通过正当劳动获得高收入的人群加税，就和对打扮时髦的女士加税一样荒唐。事实上，收入恰恰是激励年轻人努力学习、努力工作的一种动力。高收入不等于高消费，没有消费的高收入，最后往往又会转换成为储蓄回馈给社会。

西方发达国家早已意识到其个税体制的错误，改革方案层出不穷，但改革举步维艰

学术界以及政策界的很多同仁们无形中以美国或者欧洲发达国家为模板，来讨论个税问题，这实际上是莫大的悲哀，因为美国、欧洲正在不断反思自身这种以个税为支柱的财政体系。

在美国，联邦政府75%的税收来自于个税，过去几十年以来，不断有各种声音强调，应该将税收转向流转税、消费税、包括石油的资源税等，以让美国经济更加具有活力、财政基础更加坚实。此时此刻，美国就有大量的学术界以及公共政策领域的讨论。波士顿大学的著名经济学家劳伦斯·克特里考夫（Laurence Kotlikoff）提出 Purple Tax（紫税，不同于共和党与民主党的蓝红色），其核心是15%的销售税外加给每个家庭一个免税的消费额度。更为重要的是，1999年，美国众议院部分议员提出 Fair Tax（公平税），即以23%的销售税完全取代个人所得税。2008年，公平税再次提上议程，今天还在讨论之中，若干州也在酝酿公平税改革。但是，由于路径依赖，由于利益集团的阻隔，这样的改革困难巨大，以至于现在美国的公共财政体系连美国人自己都感到十分无奈。

相比之下，我们的视野应该转向欧美之外的其他国家，像新加坡这样在经济制度上非常精细、极有智慧的国家就值得关注。新加坡的个税税率是非常低、非常平的，以此吸引了大量人才，同时，新加坡的财政收入一部分来自于长期持有的政府基金的投资回报，这种模式恰恰非常值得我们研究。

总体来看，中国未来的财政体制不应以个税为基础，对个税的迷信应该破除，学术界、政策界也许需要打开视野，解放思想，在根子上把问题认识清楚，而不是在个税起征点等问题上兜圈子。中国的公共财政基础应该有两个：一是低税率、宽税基的流转税，其中可以考虑给每个公民一个消费税免征额（或退税额），增进消费的公平性；二是国家通过持有一部分国有基金（不同于国有企业）获得的长期稳定的收入。国家可以通过基金的方式被动持有广泛的社会资产，避免国家直接干预和控制企业，以此获得长期的财政基础，也通过这种方式，直接增进社会公平，缓解社会矛盾。

中国经济：刺激还是不刺激，这不是问题①

境外投资机构编造出的“李克强经济学”，核心一点就是不刺激。这种经济学大有政策游说之嫌，本质是把自己所理解的中国经济政策取向硬放在领导人身上。当前，刺不刺激不是中国经济的核心问题，减速还是加速也不是核心问题，如何改革并通过改革引出新增长点才是关键。而改革的核心就是引导民间投资进入公共消费类投资领域，为此，要进行一系列的公共财政以及金融体系改革。

讨论刺不刺激，无助于寻找经济增长新思路

中国经济出现了明显的增长速度的下滑，这一点没有任何的争议。历史经验告诉我们，官方的统计数字在很大程度上没有完全反映经济增长速度下滑的基本态势。

官方统计数据中，影响GDP增长最大的因素是固定资产投资，而我们有理由相信，固定资产投资完成额这一数据具有“经济稳定器”作用，那就是：当经济增长放缓的时候，固定资产投资完成额是虚报的，因为地方政府有动

① 原文载于《新财富》，2013年9日。

力缓解甚至于掩盖经济下滑的现实；相反，当经济增长过热的时候，固定资产投资完成额这一数据是低报的，因为我们知道，统计局使用的固定资产投资完成额这一数据，是根据工程项目完成额的目测法来进行的，这种目测法极其不精确，统计上更加严谨的办法是实际的财政账目工程款支出法。

与此密切相关的另一个重要指标是工业增加值的增长速度。这一增长速度实际上是从工业产值以及各个企业的销售额中反推出来的，但问题在于，各个企业的销售额与附加值之间，并没有完全固定、一成不变的比例关系。因此，在整体经济放缓的时候，工业增加值的增速往往是高报的。这又是因为地方政府的主观因素所致。

中国经济当前的种种数据——从出口到发电量到货运量到大宗产品的价格，都反映了一个基本的情况，那就是中国经济当前放缓的态势十分明显。这一大背景下，该不该刺激中国经济的增长，自然成了当前社会各界所议论的重要话题。

中国经济该不该刺激？这不是问题。因为中国经济当前问题的实质是还没有找到新的增长点，而这个新的增长点必须通过一系列的改革和调整措施释放出来。

传统的财政以及信贷刺激政策只能对传统的、老的增长点发力，而这对中国经济的长远增长并没有好处。而不刺激又会带来一系列的社会问题。所以，在刺激与不刺激之间讨论话题，永远找不到新的思路。

境外投资机构编造“李克强经济学”，大有游说不刺激政策之嫌

最近一个时期以来，境外投资机构编造出“李克强经济学”来总结他们

所理解的新一届政府的经济政策，其核心的一点就是不刺激。在笔者看来，这种以领导人冠名的经济学，在国外一般是根据领导人自己具体的施政理念来命名的，比如安倍经济学，明确提出他有“三支箭”。而在中国，由境外投资机构给中国领导人命名经济学，信誓旦旦地将经济学的内容逐条描述出来，这种经济学大有政策游说的嫌疑，本质上是把自己所理解的中国经济的政策取向强加在领导人的身上。

境外投资机构的研究者比较关心的是自己是否预测得准确，自己的故事是否前后一致，而把自己对政策的理解、预测转变为由自己命名的领导人经济学，这恰恰是他们实现自己预测正确性的捷径。因此，这种领导人经济学的游戏，恐怕不应该过分地关注。

当前讨论应聚焦于如何通过改革保增长

中国社会当前的最主要问题是缓解社会矛盾。种种的社会事件，从首都机场的爆炸案到城管暴力，都反映了一个基本的事实，就是社会矛盾正在不断激化，而缓解这些矛盾的基本措施，就是要保持经济适当的稳定。这好比穿越泥泞道路的自行车，必须要保持一个稳定的速度，既不可盲目地加速，也不可过分地减速，加速固然有风险，减速也会使得自行车失去稳定性。因此，保持一定的增长速度，实现稳定增长，这才是中国经济的当务之急。

但是，怎么样保持稳定的增长速度？当前的中国经济并不像 1998 年、1999 年那般，那时的中国经济面临着严重的困难，如国有企业严重亏损、国企职工大批下岗、国有商业银行技术上破产、国家财政入不敷出。今天的情况类似于 1992 年，实体经济的增长点依然存在，但是缺乏一系列的改革措施，新的增长点在旧的体制下不能发挥，因此经济进入低迷状态。

根据这种形势，中国经济当前要问的问题并不是要不要刺激，而是要不要改革，怎么改革；如何通过改革来找到中国经济新的增长点，通过改革缓解经济下滑的颓势。

公共消费类投资堪成新增长点

那么，中国经济的增长点在什么地方呢？

笔者自己在不同的场合也都坚持论述一个观点：中国经济在当前阶段最重要的增长点是一大批消费性的公共投资，其中主要包括各级政府应对自然灾害的抗灾能力、城市内部的地下管网建设、水和空气质量的治理。这一系列领域都是直接与百姓的生活质量、生命财产安全紧密相关的，这一大批投资项目也是初步进入小康阶段的今天，中国社会和百姓最需要的。

这些投资项目与传统的产能扩张、工业化不同，这是一种消费性投资。问题的关键是到目前为止，我们尚未找到一种机制，可以让投资者从这些公共投资中获得收益。换句话说，当前经济改革的一大挑战是如何通过一系列制度创新，把民间资金引到这些公共消费类投资中去，从而找到新的增长动力。为此，国家必须放手允许地方政府试点，把一些准公共性投资转变为公司合伙的投资方式。比如说污水处理，可以通过地方政府逐步收费，把这些收入转让给投资者，而投资者进行长期投资，从中获得回报，最终通过BOT的方式转给地方政府。再比如说，道路建设可以通过地方政府承包给企业，由民间投资者经营道路或道路周边的广告权、土地经营权来实现。

中国不缺资金，尤其是不缺民间资金。在过去几年，民营经济投资量占到整个固定资产投资的70%左右。今天的问题是民间资金看不到方向，一旦我们能够通过创新把民间资金引入到公共消费性投资中，那么不仅中国经济的增长速度能维持，中国经济的面貌也会得到改善，百姓的生活质量同样会得到提高。

配套进行公共财政及金融改革

与以上引导新增长点密切相关的是地方财政整顿。当前，不少地方政府欠下了巨额的银行贷款，这些地方政府贷款将严重阻碍地方政府的持续发展。为此，中央政府必须找出办法，发行一定的国债，将地方债务清理干净。不仅要清理，而且要出台相关改革措施，比如说允许地方政府征收一些资源类的税收，如污染费；也允许地方政府逐步地推出房产税，获得土地出让之外的稳定财源。符合条件的、地方财政做得比较好的、比较透明的地区，可以发行地方债和市政债，让地方政府得到资本市场的监督。

为了顺利引出新增长点，还需要在金融上进行整顿。当前金融体系中隐藏着一些呆账坏账，这些呆账坏账必须被清理，从而化解金融体系的风险。因此，笔者认为，金融改革刻不容缓。

总结说来，刺不刺激不是当前中国经济的核心问题，如何改革并通过改革引出新的增长点，这才是关键。而引导改革的核心就是引导民间投资进入到一大批公共消费类投资中去，为此，要进行一系列的公共财政改革以及金融体系改革。

调整中的经济需要换挡补油①

转型期的中国经济正处于换挡间隙，发动机的动力在变，过去高增长所依赖的欧美市场需求和房地产繁荣难再发力，城镇化与居民消费两大增长因子尽管动力初现，但尚不够强劲，由此导致经济减速。为给经济发动机补油，相关政策必须调整，包括打破垄断，引导民间投资尽快进入城镇化、消费等新增长点，提升高铁等公共消费型投资的规模，改善房地产调控政策。经过一两年的调整，中国经济仍将恢复较高增速，投资者应考虑及时布局于下一轮的投资。

2012年上半年的中国经济出现了预料之中的变化，即GDP增速下降，以及与此相关的一系列经济指标的下滑，包括工业增加值增速、财政收入增速、进出口增速都回落到了个位数，汽车销售出现了少有的5%以下低增长的局面。尽管这种局面在许多学者包括笔者半年前的预料之内，但是当预测变成现实的时候，仍然对投资者尤其是股民们产生了冲击。在各种政策利好不断出现的条件下，当前的股市仍然像心肌梗塞的病人一样难以起搏，其主要原因就是市场对未来宏观经济的走势比较悲观。那么，应当如何看待当前的经

① 原文载于《新财富》，2012年6月。

济形势，预测可能出现的政策和对策，并分析未来宏观经济的走势呢？

换挡间隙经济增长放缓属正常现象

当前中国经济处于转型的必经阶段，出现的困难是转型的阵痛。用驾驶汽车来比喻，中国经济如今相当于变速箱换挡间隙的短暂空档期。为什么这么讲？

中国经济过去的高速增长，无非依赖两个因素。一个是金融危机前欧美国家不可持续的繁荣，其逻辑是短期的信用扩张拉动了欧美房地产业的兴旺，带动了区内整体消费，通过全球化又拉动了世界经济的整体增长，使得中国进出口保持年均20%以上的增长率，贸易顺差曾经几乎占到了中国GDP的8%。然而目前的情况是，这一驱动力已经远去，今天的外部经济形势恰恰相反。

另一个因素来自中国内部。中国经济过去10年最大的拉动力就是房地产，从金融的角度来看，房地产热带来了储蓄的大搬家，即居民家庭把大量银行存款投入了房地产，而这部分存款又转向了相对少数的、在房地产开发中获益的投资者。房地产价格的上涨，推动着土地出让总额的不断攀升，推动着地方投资规模的扩张，而房地产本身的投资以及房地产的交易，又拉动着几十个相关产业的发展以及城市相关服务经济的繁荣。毫无疑问，房地产的兴旺发达是过去十几年来中国经济增长的巨大动力。

但是，以上这两点在今天都成为阻碍中国经济发展的主要因素。由于2011年8月美国国债信用评级下降而带来的第二轮金融危机的拖累，发达国家的整体经济再次陷入低迷，而且在整个2012年乃至2013年都可能延续低速增长的态势，由此带来的是对中国出口产品的需求难以快速上升。2012年又是各主要国家的竞选年，在竞选的压力下，各国政府不得不对中国的出口提出了种种限制政策。而中国房地产业经过了多年的发展，其价格已经远远脱离普通百姓的收入水平，房价问题已经演变为社会问题、政治问题，本届政府在其任期的最后一年坚定不移地调控房地产市场，目的就是要缓解房地产带来的社会矛盾。

增长潜力不容怀疑，新增长点曙光初现

我们必须看到，尽管中国经济当前出现了增速下滑的局面，但增长的基本面没有变，中国仍然是一个居民平均收入水平相对较低、人均GDP不足6000美元的发展中国家，仍然拥有巨大的内部市场，仍然有近10亿没有过上现代化生活的人口，仍然有部分类似于非洲发展水平的地区。这种大国经济的态势已经在过去几年金融危机爆发后的调整过程中显现出来，中国经济内部的贸易量增加完全能够替代出口的下降。

我们也必须看到，中国经济仍然是一个学习型、赶超型的经济，在技术、管理、理念等各方面仍然要不断地向发达国家学习；同时，社会方方面面对当前的经济、社会和政治管理体制仍然不满意，中国仍然有巨大的改革的原始动力，最重要的是，中国经济两大新的发动机已经初现端倪。

其一是城镇化。中国的城镇化率近来已经明显加快，每年有近1%的提速，快速城镇化将成为中国经济的最大发动机。

中国经济的第二个发动机就是居民消费。居民消费这一问题值得仔细研究，相关的统计数据有系统性误差。笔者在清华大学带领一个研究团队，试

图仔细测量中国居民消费的总量与增长速度。我们初步研究的结果显示，中国居民消费的增速在2008年以来已经出现了快速提升的局面，增长速度超过整体经济的增速，消费占整体经济的比重已经出现上升态势。这种局面是可持续的，消费将成为中国经济增长的重要发动机，原因就是这种消费的上升是居民可支配收入上升的结果。

根据我们的分析，居民可支配收入的上升是中国劳动力市场出现大逆转产生的。这种逆转就是低端劳动力开始出现短缺，其工资增长速度超过GDP增长，也就是说，中国经济的结构调整、收入分配等方面已经出现了不断改善的局面，这种改善是市场经济机制带来的，而不单是公共政策的功劳。

换挡必须补油

汽车换挡中间必须补油，也就是说，换挡的过程需要进行一些增长的动力调整。当前的情况是，旧的增长因素已经一去不复返，而新的两大增长因子尽管已经出现加速的苗头，但是仍然不能完全取代旧的增长动力，因此，宏观经济的运行出现了减速的态势，而这种态势不应该引发自我实现的低增长的预期，为此，相关的政策必须调整，这相当于给发动机补油。各种迹象表明，相关决策者们已经沿着这个思路开始出台各种政策，因此，中国经济这种增长减速的态势将会比较快地结束。

大体来看，相当于经济增长换挡期补油的政策，应当包括三个方面。

1. 加快改革，引导民间投资更快地进入新的增长点。中国经济新的增长点仍然存在于城镇化的推进、居民消费的升级尤其是服务性消费的上升，也存在于制造业的不断升级改造，还存在于绿色经济、循环经济的发展。而这一切都需要由投资来拉动，问题的关键是，中国经济增长一半的动力来自于内部融资，也就是企业的自留利润，而企业自留利润大量来自于民营企业。因此，当前必须坚决地打破垄断、放松准入、创造条件、减税、简化审批手续，引导民间投资进入到上述领域。各种出台多年的鼓励民间投资的政策，在今天必须要落实，比如说，石油、天然气等行业必须一个一个子业务板块地放开，再比如说，电力、天然气等一些基础性网络服务体系更应该考虑打破垄断，鼓励竞争，让部分有一定规模的民营企业进入。国内外的经验表明，网络内的竞争不仅不会带来混乱，相反会大幅提升效率。

2. 短期内大力提升公共消费型投资规模。这种公共消费型的投资既包括国土性投资，即防灾抗灾的投资、水系的治理、中小型水库的投资等，也包括对已经审批的大型公共项目的投资，其中高铁的投资值得恢复。高铁的主要问题是管理问题，而不是模式问题，高铁本身确实像催化剂一样推动着中国的城镇化进程，短期内的高铁投资固然是有成本的，但是它的社会效益和长远效益毋庸置疑，因此需要政府发行一些专项国债，以支撑高铁项目的继续投入。特别值得注意的是，绿色经济的投入和对环境整治的投入本身就是一种消费，应该由政府推动，且被纳入公共型消费的范畴，这种投入应该说对于整个宏观经济的发展是有利的。

3. 房地产调控的政策需要改善。2012年3月5日，温家宝总理在政府工作报告中明确提出，要不断地完善房地产调控政策，完善的目标是要精准打击投机性需求。这就是说需要鼓励首次购房和改善房的需求，如果房地产价格回归理性的同时交易量能够回升，这对于中国经济的调整是有巨大帮助的。

通过以上的三个措施，我相信中国经济增速在下半年将会恢复，全年达到8.2%～8.3%的水平是完全有可能的。

未来增长可期

综合以上分析，我认为中国经济最有可能的前景是：

第一，经过各种补油式的政策调整，中国经济在2012年下半年会出现增长速度有所反弹的局面，投资者信心包括股民的信心届时将有所恢复；

第二，中国经济在未来两三年之内仍然会保持8%左右的增长速度，因为这个时期正好是增长的调整期，新的增长动力不能完全取代老的增长因素；

第三，经过未来一两年的调整，中国经济仍将恢复比较高的增速，接近9%的快速增长水平，而增长的动力将是城镇化以及居民消费等内需因素。投资者应该在今天坚定信心，及时抓住机遇，布局于下一轮的投资。

Chapter Four

第四章

改革破局——金融迷局与钥匙

货币存量登峰造极，风险如何化解①

中国M2（广义货币）存量的高企，推手是金融体制而不完全是央行的货币政策。过去，由于公众对经济预期稳定，这尚未酿成系统性金融风险，而一旦预期改变，风险就可能爆发。要化解这一隐患，必须大力发展债市及股市，逐步推动银行的资产证券化，将中国以银行为企业融资核心的金融结构，转变为以债市为主、更加稳定的结构。

巨大的货币存量必须系统地解决

中国经济以其独特的快速增长方式，在人类经济发展史上创造了很多世界纪录，不幸的是，有很多纪录是负面的、令人担忧的，其中之一就是不断攀升的广义货币存量。

在改革开放后的30多年里，中国M2存量的增速几乎年年都超过了名义GDP的增长速度。2012年，中国广义货币发行量已接近100万亿元，折合约16万亿美元，与当年名义GDP之比高达190%。从各央行的数据看，日本的

① 原文载于《新财富》，2013年4月。

M2 与 GDP 之比约为 164%，欧元区这一数据约为 90%，美国约为 64%，其 M2 总量约为 10 万亿美元。应该说，没有任何悬念地，中国广义货币的存量在全世界主要经济体中名列前茅，创下了世界纪录。

表 4－1　全世界主要经济体 M2 存量

国家或地区	M2/GDP	M2 存量(万亿美元)
中国	188%	15.6
欧元区	90%	11.5
日本	164%	9.6
美国	64%	10.1

数据来源:各央行官方网站(数据截至 2012 年年底,按照 2012 年年底汇率换算)

居高不下的 M2 存量是中国经济最大的系统性风险

首先，我们必须从货币存量的本质讲起。货币是一种直接用来交换的资产存量，它本身就具有比其他资产更高的流动性。高货币存量意味着，一个经济体始终存在着通胀的风险、始终存在着资金外逃的风险、始终存在着包括房地产在内的资产价格泡沫的风险。一旦公众预期发生变化，以上的一切都可能成为现实。具体说来，如果百姓认为物价要涨，一定会从银行取出现金，囤积产品，从而带来更高的通胀率；一旦百姓认为房价要涨，就会从银行取出现金，投资于房地产，使得房地产价格不断上涨；一旦百姓认为人民币会贬值，外币要升值，就会想方设法以合法或者非法的手段将人民币兑成外币，出国投资。

其次，我们再看看具体数字。中国近 100 万亿元的货币存量中，近 30% 由央行的存款准备金以及银监会的各种监管政策锁定，也就是说，约 30 万亿元不能直接转换为对产品和资产的购买力；余下的近 70%则存在于银行系统，成为真正的流动性。而这 70 万亿元中，大约 30 万亿元是居民存款，剩下的 40 万亿元是企业和机构存款。中国经济中实际的产品和服务供应量，根据名义 GDP 计算约为 50 万亿元，所以，居民存款约能够购买其中的 60%；而中国商品房一年的销售额为 5 万亿元，以 50%的按揭率来计算，就是居民存款能支撑 12 倍的年均房地产销售量；而 30 万亿元的人民币存款折算成美元，大概为 5 万亿美元，远远超过央行所保有的 3.3 万亿美元外汇储备。规模如此庞大的货币存量，无疑是一种潜在的威胁。

然而，有不少学术界的同行持一种观点，那就是：中国的 M2/GDP 的确持续高涨，但过去对此的种种担心到目前为止都被证明是错的，中国经济总体上讲并没有发生恶性通货膨胀，因此今天我们不必为此担心。

笔者的看法是，持续上涨的广义货币存量，之所以没有酿成实质性困难，是因为中国公众对整体宏观经济的预期是稳定的。但是，过去稳定的预期不等于未来稳定的预期，一旦预期改变，任何潜在的风险都将变成现实，这些风险过去没有带来危机，不等于未来也不会导致危机。历史经验的简单外推是不对的，站不住脚的，已经存在的明显的隐患必须要解决。

央行并非货币存量持续高涨的罪魁祸首

社会上有一种流行的观点，认为这种居高不下的货币存量是央行造成的。这种说法明显有失偏颇，我们必须从体制上认识其中的原因。可以说，央行不是货币存量持续高涨的罪魁祸首，金融体制才是关键。

从机制上讲，任何有一点经济学常识的读者都知道，货币发行是由中央银行和商业银行共同决定的。商业银行事实上是产生货币的主体，商业银行通过贷款的方式来产生存款。在改革开放的初期，央行确实是以直接发行钞票的方式来提供基础货币的，央行直接把自己在商业银行的存款无成本放大，从而让商业银行获得了由央行产生的无中生有的存款，以此为基础进行信贷扩张。

从20世纪90年代初以来，央行已经不再直接印钞创造货币，而转向吸纳流动性。这有两个原因。一是外汇不断地涌入中国。由于中国企业和个人实际的交易是由人民币完成，所以央行必须将这些外汇换成人民币，这就带来了基础货币的上升，逼着央行发行基础货币，从而导致货币存量上涨。同时，央行通过各种方式，把自己另一只手刚刚发出的货币牢牢锁住，其中包括发行央行票据以及提高存款准备金率。货币存量不断上涨的第二个原因就是商业银行的贷款政策。每当商业银行贷出1元存款的时候，就会通过乘数效应带来新的存款，这种乘数效应与商业银行最近若干年来极其活跃的贷款活动密切相关。所以，央行本身不能直接被认定为居高不下的货币存量的推手。

金融体制改革化解高货币存量的风险

高企的广义货币存量蕴含的风险，必须通过改革体制的方式加以解决。根据以上的分析，要改变当前货币存量居高不下的局面，必须改变中国的金融结构，改变商业银行贷款作为企业外部融资核心来源的地位。具体说来，必须大力发展债券市场以及股票市场。

特别需要提及的是债券市场。当企业越来越多地从债券市场融资，那么，银行贷款的数量就会减少，贷款量减少之后，存款量也会减少。从另一方面讲，当企业越来越多地从债券市场融资的时候，居民也会将越来越多的储蓄转向债券市场。事实上，我们可以做一组比较，在美国等发达经济体，债券市场市值与GDP之比接近200%，但其债券市值加货币存量之和与GDP之比，则与中国基本相等。换句话来讲，中美两个经济体的M3（M3是广义货币加债券市值）与GDP之比是基本相同的。这种以债券市场为主的金融结构，比之于以银行为主的金融结构要稳定得多，因为当百姓把资金大量投入债券市场后，其从债市撤资的交易成本要高于从银行撤资（从银行撤资时，银行对本金有保证，而债券市场由于市场风险没有这一点）。因此，美国式的金融结构事实上比中国这种高货币存量的结构要稳定得多。

那么，中国的金融结构应当怎么改？关键的一条，也是笔者在不同场合都提出的一个观点，那就是要实行资产证券化，要把银行的一部分资产打包，转为债券市场的债券产品，让居民把银行存款取出来去购买这些债券产品，通过这种方式让货币存量逐步下降。特别要强调的是，这种资产证券化对于银行的健康发展是非常重要的。它绝对不是金融危机发生的根源，金融危机的根源是在资产证券化的基础上进行了一系列衍生产品的运作，这在中国完全应该严加监管。

总的说来，中国居高不下的货币存量，其推手是中国的金融体制而不完全是央行的货币政策。这一大隐患如果不解决，一定会酿成系统性金融风险。而化解这一风险，需要通过改革的方式，逐步推广银行的资产证券化，将当前以银行为主体的金融结构，转变为以债市为基础的、更加稳定的金融结构。

借金融恐慌推出一揽子改革方案①

2013年年中中国发生金融恐慌的根源，是实体经济中非中介融资受阻，民营经济与国有经济冰火两重天。针对恐慌，放水救市不可行，而按兵不动则连带伤亡巨大，唯一合理的选择是以此为契机，推进讨论已久的一揽子改革方案：开放民间投资空间，以创新基础设施投资等方式，吸引民间投资稳增长；整顿金融，清理坏账，切除金融肿瘤；清理地方债务，改革地方财政，通过重新厘定中央和地方财政关系，增加地方财源，解决其债务难题。

中国出现了金融恐慌。2013年6月24日，上证指数下跌5%以上，其背景是，商业银行纷纷遭遇资金短缺，导致市场弥漫紧张情绪。在此之前的几天内，银行隔夜同业拆借利率高达13.44%，创历史新高，社会上也流传着个别银行出现短期借贷违约的言论。一时间，社会关注点聚焦于央行。救市还是不救市，成为央行决策和大众关注的焦点。

① 原文载于《新财富》，2013年8月。

金融恐慌的深层原因是实体经济中非中介融资受阻

金融恐慌的根本原因，是当前的中国经济发展模式走入了极端的困境，实体经济出现冰火两重天的罕见格局。

“冰”指的是民营经济体找不到投资方向，投资无门，转而把大量的现金投资于金融体系和理财产品，导致了金融体系信用盲目扩张。而另一方面，十八大前后新上任的地方官员却干劲冲天，对项目融资表现出了“火”一般的热情，他们在积极谋划新一轮的经济增长。而地方政府所能直接影响的经济活动，绝大部分是与国有企业紧密相关的一大批投资项目，它们所依赖的融资渠道主要是正规的金融中介机构，包括银行、信托、债券市场等。

然而不要忘记，在正常情况下，中国经济的投资主体是民营经济，占GDP高达60%以上的固定资产投资，其70%以上的融资来源是企业留利所形成的直接投资，即笔者的研究中所称的国内非中介融资（DNI，Domestic Non-Intermediated Investments）。这种非中介融资主要来自于民营经济。

于是乎，在当前冰火两重天的境地下，包括银行贷款在内的社会融资总额迅速上涨，2013年一季度，同比增长接近60%。但毕竟，这种正规渠道的融资并不是固定资产投资的资金主体，袖手旁观的民营经济体并没有直接参与固定资产投资。这就导致了固定资产投资本身并没有快速上涨。DNI占固定资产投资的比重从正常年份的70%下降到2013年1—5月的60%出头。而由于固定资产投资是GDP增长的最大拉动力量，所以中国经济出现了一个非常奇怪的现象，那就是，社会融资总额和增长幅度不断创下新纪录，而宏观经济增长速度却持续下滑。这一矛盾演化的最后结果就是银行打光了子弹，资金告急。更火上浇油的是，因为宏观经济在减速，大量企业利润在下降，开工率持续下降，产能利用率下降，这又反过来使得相关企业难以偿还以前的贷款。这种情况下，银行等其他金融中介机构比实体经济还要着急，它们必须要用新贷款覆盖已经到期、不能偿还的旧贷款，掩盖几年前的不良贷款的漏洞。这就是当前金融恐慌的深层次原因。这种金融恐慌对已经十分脆弱的股市投资者带来了进一步的崩溃性的冲击，最终使得股票价格一泻千里。

分析清楚了当前金融恐慌的原因，下面的问题是应该怎么办。

放水救市不可行

第一种应对策略就是央行放水救市，通过公开市场操作或者是降息、降准给银行注入流动性。

这种策略当然是立竿见影，但是不能解决上述问题之根本，只能短期内缓解金融机构资金不足的压力和金融市场的恐慌，经济增长仍无法保障。金融机构拿了新钱也只能继续填补不良贷款的漏洞，前述矛盾的解决则会继续拖延。由于不治本，新的一轮金融恐慌迟早会到来，而且会以更大的力度爆发。所以说，开阀放水救市只能是饮鸩止渴。

按兵不动可行，但连带伤亡巨大

目前看来，政策界与学术界压倒性的意见是按兵不动，目的是逼着银行寻找新的思路，同时也让产能过剩进一步暴露，促进经济结构调整。

但是，这种按兵不动的策略很可能连带伤亡巨大，乃至为中国经济与社会所不堪承受。按兵不动会导致金融市场的信心持续下滑，恐慌还将继续，资金短缺的情况还将延续，固定资产投资的增速将进一步下降，增长速度也会下降。这种做法坚持下去，最终当然会逼迫银行进行改革，进行重组，但必须看到，其代价是非常大的。

为什么这么讲？因为当银行资金紧张的时候，一定会出现以新钱补旧账的局面，其后果一定是那些最需要投资、最有投资潜力的项目得不到融资，而银行却会利用宝贵的资金去填补那些事实上已经成为呆账、坏账的投资项目，所以我们会看到，社会上的好企业、有潜力的企业和项目变成银行过去几年不良贷款的牺牲品，也就是说，会发生大量的好企业为银行几年前的不良贷款埋单的局面。

更不用说，因为宏观经济增速的下降，有大量的企业停止招聘甚至于解雇工人，最终的受害者会变成劳动力市场的农民工以及急需寻找就业机会的新毕业的大学生。无论对于社会的稳定和整个宏观经济的平稳增长，还是从公平的意义上讲，这一结果都是非常不合理的。因此笔者认为，不应该采取简单的紧缩方针，这一方针的连带代价太大。

唯一合理选择：迅速出台一系列改革措施

迅速出台一揽子改革措施，是解决当前宏观经济增速放缓以及金融恐慌唯一正确的应对方式。这一揽子的改革重组方针应该包括以下三个方面。

第一点是迅速推出一系列的改革，大规模放开对民营投资的限制，鼓励民营投资者直接进入一系列重大经济活动领域。这个措施的直接目的就是要稳增长，就是要启动国内的非中介投资，让那些拥有大量资金的民间投资者直接投资到一些实体经济的项目中去。

非常客观地讲中国经济有巨大发展的空间。概括说来，目前中国经济最缺的是一大批准公共产品，包括城市基础设施与城际交通。而这些项目作为准公共品，完全可以通过改革为它们的投资者带来直接的回报。举例来说，最近笔者到山西曾经的贫困地区吕梁市调研，结果发现吕梁是一个资源大市，可是吕梁与太原之间的高速公路仍然十分拥挤，铁路也运力不足，这直接影响了当地经济的进一步发展。而这种高速公路和铁路完全可以采取市场化——谁投资谁受益、谁使用谁付费的方式来引导民间投资者介入。事实上，吕梁地区并不缺民间投资者，他们有大量资金却找不到投资方向。

再比如说，在城镇化过程中，完全可以把一部分的街道，包括它地下的管网建设部分承包给一些民营企业，由它们进行投资运营，这个街道的命名权、沿街的广告收益可以在未来若干年内承包给投资者，政府可以和投资者签订一个投资回报率保底的协议。通过这种方式，调动民间投资者介入基础性设施的投资建设，其目的就是要稳增长，恢复 DNI 在中国经济正常增长中应有的作用。

一揽子方案的第二点就是进行大规模的金融整顿。过去几年，中国金融机构的扩张速度非常之快，由此也带来了大量隐性的不良资产，必须经过一个重组清理的过程才能把资金盘活，否则当前“新钱填补坏账”的尴尬局面就会不断延续下去。

如何重组？中国在这方面不乏经验，21 世纪初的一轮银行重组就非常成功。比如说，央行或财政部拿出一部分资金，联合成立若干个资产重组公司，介入银行与地方政府融资平台的债务清理。这种债务清理如果处理得当，可以起到一元钱清理出两三元钱的作用，因为这种清理过程类似于清理三角债。

通过这些清理，可以将中国经济体系中的一些不良资产像切除肿瘤一样切除出去，让其不再影响中国金融和整体经济。

在这个过程中，中央政府也应该积极扩大中央财政的发展规模。当前中国国债的规模远远不够，中国的国债在国际市场上是稀缺产品，而中国地方政府通过投资平台、地方投资公司所产生的债务却是一桶浑水，需要彻底澄清。

第三点就是重新厘定中央和地方的财政关系，推出地方财政改革的一揽子计划。地方财政是这一轮不良资产问题的始作俑者，抓住地方政府的公共财政就抓住了根除这一问题的七寸。为此，必须要给地方政府一些稳定的财政收入。在这个意义上，房地产税是非常值得在短期内推出的。笔者反复强调，房地产税的主要功力并不在于短期内控制房价——它不可能很快逆转买房家庭的房价上涨预期，但是却能够给地方政府一个财政收入上涨的预期。此外，建议中央政府给地方政府更多的财政分成，对一些主要税种比如增值税，可以调整中央与地方分成的比例，地方占比可以从现在的25%上升到30%或者40%，让地方政府获得稳定财源。

与此同时，大规模清理地方融资平台，规范地方政府的借债行为，从而铲除未来地方政府不良贷款的根基。在某些地区，应该要求地方政府变卖一部分国有资产用于还债。同时，中央财政也要扩大债务的发行，可以用出台金融整顿特别国债的方式来清理地方债务。

面对金融恐慌的底线思维

2013年的中国经济比之于历史上的一些困难年份比如1989年和1999年要好得多，银行总体上仍然有非常好的盈利，大量非金融国有企业也是盈利的，中央财政并没有很多赤字，国债余额仅占 GDP 的 18%，央行拥有巨额外汇储备，中央与很多地方政府还有大量经营性资产，这些有利条件是合理应对金融恐慌的底气，中国经济的决策者没有任何理由惊慌失措。

把金融恐慌变为全面改革的契机

这一轮金融恐慌不完全是坏事。它以一种集中爆发的方式暴露了中国经济运行机制的不可持续性，充分显现了改革的迫切性。这一轮金融恐慌势必会催谷本来已经讨论很久的一揽子改革措施的实施，通过改革，中国经济完全有可能重拾过去 30 年的辉煌。

如何拯救中国股市①

要解决中国股市低迷的问题，短期内一个重要抓手是实现银行股的逆转，这就必须在银行资产证券化上下大功夫。通过把银行手中部分房贷资产打包上市，可以让银行获得现金补充资本金，减少再融资需求，让资本市场放心。中国房贷的特点决定了其质量较高，初步测算，1万元的房贷，经过合理的风险控制，打包上市可获得1.1万元的售价。特别需要强调的是应该设立国家担保机制、简化交易环节、确保银行承担部分房贷风险，杜绝美国式资产证券化的风险。

如今，中国股市仍然处于过去8年以来表现最低迷的情况。

截至2014年1月中旬，A股市值与中国GDP之比已经降到了36%，为2005年以来的最低点，150多家上市公司股价跌破净资产。上证指数也在2000点左右徘徊，同样几乎是2009年年底以来的最低点。这一切与中国经济仍然保持较高增长速度的大背景完全背离。与此同时，饱受金融危机冲击的美欧日三地，股市表现极为突出，其中，2013年美国股市升幅高达30%，股指创下历史新高，也是过去30年以来单一年份最高升幅。显然，中国的股市

① 原文载于《新财富》，2014年1月。

出了问题。

股市低迷影响全局

中国股市低迷的全局性影响非常严重。首先，它影响了中国固定资产投资的融资进度，乃至整体的经济增长速度。固定资产投资是中国经济增长的关键，在相关融资方面，股市可以发挥较大的作用，但是由于股市低迷，新股发行停顿一年多之后才恢复，已经呼吁多年的中国进一步打开直接融资渠道的进程受到直接影响。

更重要的是，股市的低迷，直接影响着十八届三中全会所描述的中国金融体制改革蓝图的贯彻执行。其原因在于，政策决定者难以放开利率市场化，担心由此会导致利率大幅攀升，从而给整个股市带来更不利的影响。低迷的股市也使得国内投资者信心偏低，从而导致决策者不敢以较快的速度推进资本账户的开放。

从社会角度看，由于中国投资者以中小散户居多，广大股民是活跃的各方人士，其情绪稳定与否直接影响着社会的舆论环境。所以股市问题极其重要，亟待拿出更多措施加以提振。

股市低迷的原因

毫无疑问，股市低迷有着深层次的原因。正如中国人民大学金融与证券研究所所长吴晓求教授所表示，由于文化、法律法规的安排对资本市场发展不利，中国的证券市场如在雾霾般的制度环境中生存。而监管和法律体制尚不完善，也导致一些违规行为屡禁不止，公司内部人往往不能兑现招股发行时的承诺，大股东对小股民的利益屡有侵犯。国务院办公厅最近出台的《关于进一步加强资本市场中小投资者合法权益保护工作的意见》（新国九条），正在于从根本上扭转这一痼疾。

股市低迷的第二个原因来自中国经济转型的压力。在经济转型升级的过程中，已经上市的成熟企业往往比新兴企业压力更大，转型更难。比如说，建材、煤炭、有色金属、钢铁等行业面临着产能过剩的困境，而这些领域的企业正是当前股市的主力军。

以上两个原因并不能完全解释股市的低迷现象，因此，这里特别需要强调的、导致股市低迷的第三个原因，是银行股的萎靡不振。银行股是占到整个A股市值20%以上的高权重板块，但其表现又怎样呢？过去两年以来，银行股的价格不断下降，整体降幅在20%以上，截至2014年1月10日，几乎所有银行股的股价都已跌破净资产值，市盈率降到了5倍以下。

银行股的下跌不能完全用其业绩来解释，这与钢铁、有色金属等板块完全不同。中国商业银行近几年的盈利基本上占了全部中国企业盈利总额的一半，也就是说，中国的企业很大程度上是在为银行打工。而银行在如此之高的利润下也进行了分红，分红部分约占其总利润的50%左右。按照这一分红率以及当前的银行股股价计算，银行股的股息可以达到6%。可是，为什么如此之高的股息还不能带来银行股价格的逆转呢？

究其原因，在于银行自身的发展难以为继。银行一方面赚足了大量利润，另一方面它又面临着资本金不足的压力，一旦股价上行，银行就有可能减少分红，将利润留在内部补充资本金。

当前，银行的核心资本充足率约10%，按照新巴塞尔协议，资本充足率至少还要上升1%～2%。当前，广义货币M2的增速约为14%，就算银行总资产的质量不恶化，同时广义货币、银行总资产、风险加权资产成比例上升，那么这就要求银行必须以核心资本14%的力度补充资本金。只有盈利率超过这一数量，才能给股民分红。因此，理性的市场人士都在质疑银行高分红的可持续性，由此带来了今天银行股的低迷，这是理性的市场反应。

房贷资产证券化是复兴银行股的关键

根据以上的分析，要解决中国股市低迷的问题，短期内一个重要的抓手就是实现银行股的逆转；而要实现银行股的逆转，必须在银行的资产利用机制上下大功夫。

银行的机制怎么转变？很简单，就是把银行手里大量被低估的资产释放到证券市场上，转化为现金，让银行用此现金来补充资本金，减少再融资需求，让资本市场放心，这样银行股价才能够重拾升势。

这一机制的根本就是银行资产的证券化。具体而言，就是银行手中大量的房屋贷款资产必须尽快地实行证券化。在当今银行133万亿元的总资产中，至少有10万亿元是房屋贷款。而中国房屋贷款的三大特色，使得中国房贷的质量远远高于国外，具有非常高的市场价值。

第一，中国房屋贷款的利率较高而且是浮动的，一般为5.5%～6.2%，而且是浮动利率，与基准贷款利率挂钩，这在国际上是不多见的。第二，中国的房贷有比较高的首付比率，第一套房的首付比例一般在30%左右，第二套房在40%甚至50%以上。第三，由于中国家庭储蓄率远远高于欧美国家，与英美国家相比，中国的房贷不太容易出现恶意的违约行为，一般老百姓的房子都是举全家之力而投资的，之后也一定是举全家之力想方设法保证还贷的持续；相反，美国等西方国家由于家庭之间的联系不如中国多，因此往往容易断供，一旦房地产价格下降，银行就会成为最主要的直接受害者。

在这种情况下，每 1 万元的商业银行房屋贷款，如果通过恰当的方式打包上市到债券市场（下面会具体讨论），其溢价应当是比较高的。根据笔者的初步计算，其价格应该能够达到 1.1 万元以上。原因是当前的债券市场上，三期国债的利率在 4.3%～4.4%之间，而 3 年期国债为固定利率，与通胀不挂钩——这与房屋贷款不一样，因此，相比之下房屋贷款是有一定吸引力的，应该有比较高的溢价。

如果商业银行可以每年将相当一部分的房屋贷款打包上市，它不仅能够获得可观的溢价，而且能够通过把房贷转换为现金，减少自身对资本金的需求。这种机制，能够让银行的资产和负债同时下降。

银行资产证券化需要解决的三个问题

提起银行的资产证券化，一部分金融从业人员往往不寒而栗，原因是他们看到了资产证券化是美国发生金融危机的一个背景因素。但是必须看到，资产证券化并不是金融危机的必然诱因，不合理的资产证券化加上金融资产的违规操作才是美国发生金融危机的罪孽，恰如不能由于一次严重的飞机失事而彻底否定长途旅行依赖飞机的合理性。中国实行资产证券化的过程中，完全可以汲取前车之鉴，避免美国式错误。

第一，需要国家出台相关的条例，最好能够确立一个具有一定权限或额度的国家担保机制。比如说，成立一个上限为 5000 亿元的证券化保险机构，类似于美国的房地美或房利美，由该机构把银行的房屋贷款买过来，再加上政府的部分担保，卖到债券市场；一旦债券市场的违约率达到一定程度，它能够提供一部分的担保。通过这个机制，房屋贷款将会成为资本市场上一种炙手可热、流动性极强的资产，引导保险基金以及个人购买，银行的部分存款就会通过购买房屋贷款，再回流到银行，成为银行的现金资产。中央汇金投资有限责任公司过去5年以来不断增持银行股，据估计应该花费100亿以上。不如专门成立担保机构，用于担保银行房贷。

第二，在证券化的过程中，交易环节必须简单，必须由银行通过中介机构直接卖给投资者，交易链条仅此两段。不得再以证券化的房贷为基础创造金融衍生产品。过长的交易链条必然会带来很多不确定性，使得交易风险放大、资产包的透明度下降。

第三，银行必须继续持有部分房贷资产。对于每笔房屋贷款，至少每个区域的房屋贷款，银行必须持有一部分，以便让银行和投资者共担风险，减少其道德风险。如果银行将自己在某一地区或者每一笔房屋贷款全部在市场上转售的话，那么，其可能在未来进行房屋贷款的过程中不考虑风险，因为风险已经完全转嫁给证券市场。

当前，国内每年资产证券化的份额仅在500亿元左右。相对于133万亿元的银行资产以及10万亿元以上的房屋贷款，这一规模微不足道。因此，应该大声疾呼，将此规模放大10倍甚至20倍，变成5000亿至10000亿元。同时，由政府出台相关的条例，并推动相关中介机构的设立，来加快房屋贷款证券化的进程。一旦这一机制形成，当前银行的股价完全可望大幅反弹，中国的股市也将出现可观的复苏，中国金融改革的整体步伐也将全面加快。

中国股市如何治本——证券司法体制必须改革①

中国股市持续低迷，一个根本原因是证券司法系统缺位，尤其是司法过程中地方政府和政法部门的庇护，使得上市公司违法成本过低。要结束上市公司行为不端、监管不力的局面，司法改革是根本的对策。为提升证券司法的权威性和独立性，有必要在北京、上海或深圳的高级法院专门设立证券审判庭，集中审理所有与上市公司相关的案件。如果证券审判庭能抓住若干重大案件认真审判和量刑，不仅将有助于提高上市公司的违法成本，改善中国股市的质量，而且也能实实在在地推进法制建设。

中国股市为何低迷

中国股市已经是沉疴难起。2012 年以来，A 股指数屡创新低，截至 8 月 29 日，沪市 A 股静态市盈率仅为 11.05 倍，创下新低，这与中国经济过去 10 年来高达 11%的增长速度以及 2012 年仍然有望达到 8%的增长速度形成了鲜明的对比。更加令人惊奇的是，在经济低迷的美国，股市 2012 年以来却创下

① 原文载于《新财富》，2012 年 9 月。

金融危机后的新高，纳斯达克指数在2012年的第一个季度及8月份均超过了3000点，道琼斯工业指数也屡破13000点，美国股市2012年上半年累计回报率在10%左右。

为什么中国股市如此低迷，其根本原因何在？我们先来看两个中美证券违法案例的不同处理结果。

1. 绿大地的判决

绿大地是来自云南的一家林业企业，2007年12月在中小板上市。在2009年云南遭受旱灾的情况下，该公司却在公告中称，当年业绩一片大好，并虚报了多项财务数据，误导了投资者，违反了《公司法》及《证券法》。

该案件于2011年在昆明开庭审判，审判结果是绿大地董事长何学葵被判犯有欺诈发行股票罪，量刑仅为3年有期徒刑，缓刑4年；绿大地则被罚款400万元，可笑的是，该罚款由上市公司，即股东支出。这样的惩罚力度实在太轻。按目前绿大地的流通市值计算，涉案金额高达10亿元，其IPO（首次公开募股）融资额为3.46亿元。而几乎与此同时的吴英非法集资案，涉案金额为7.7亿元，实际诈骗金额为3.8亿元，但一审却定为死刑，这与绿大地一案形成鲜明对比。

2. 拉贾特·古普塔内幕交易案

来自印度、曾担任高盛集团董事和麦肯锡咨询公司执行董事的拉贾特·古普塔（Rajat Gupta），2012年6月在纽约被联邦法庭认定犯有内幕交易罪。事件的起因是他在退休之后参加了高盛集团的董事会，在参会过程中，他给自己的商业伙伴、另一位印度人拉吉·拉贾拉特南（Raj Rajaratnam）打了几个电话，通报了会上讨论的话题，而身为对冲基金经理的后者又利用这一信息进行了相关交易。2012年10月，法院将宣判对古普塔的量刑结果，据分析，他有可能被判处长达十几年的有期徒刑，而美国的有期徒刑是很难减刑或者提前假释的。

麦肯锡咨询公司的这位前执行董事在美国是一位著名的企业家，从孤儿奋斗成为大经理，是传奇人物、社会名流、美国梦的化身，因为打了几个电话而有可能遭到长达十几年的牢狱生活，这在美国证券业绝不是第一次。

通过以上两个案例，我们不难看出，中国证券司法体系是太“温柔”了。为什么我们的证券司法体系如此“温柔”，而非法集资的审判却如此严厉？究其原因，就是上市公司的大股东（内部人）与地方政府关系过密，而地方司法系统与地方政府有着直接的关系，司法系统自然而然地偏向大股东，打压散户。而地方民间金融人士却难以复制如此亲密的关系，外加中央监管机构对非法集资极为敏感。

要真正保护小股东，必须要像打击所谓非法集资一样严惩违法的上市公司内部人。司法系统必须改革。

司法系统的巨大漏洞是中国股市的病根

股市不同于其他市场，其参与者所期待的是相关企业未来的表现，所依赖的是上市公司的披露信息。如果这种公开披露的信息没有可信度，那么，投资者的信心自然非常脆弱，只能依靠宏观经济的利好和短期政策的扶持。那么，上市公司如何才能够忠实地贯彻投资者的意愿，如实地把经营所赚的钱通过分红等方式反馈给投资者呢？

仅仅依赖上市公司经营者个人的操守和道德的约束是远远不够的。中国社会是极其讲求人情的社会，人们对于素不相识者的承诺往往很难兑现，这恰恰是中国上市公司的弊病所在。同样，仅仅依靠监管也是不够的。在打击上市公司的种种违规行为方面，监管机构固然采取了各种各样的措施，但中国证监会毕竟是一个仅为部级的监管机构，而很多大型上市公司动辄就是副部级，监管难度不小。要净化资本市场，有效杜绝上市公司的欺诈等违法行为，更重要的是提升法律的威慑力，因此，对上市公司进行约束的法律体制不可或缺。

然而，在司法过程中，上市公司及其大股东作为地方经济的重要支柱，往往受到当地政府和政法部门的庇护。不可否认的是，当前中国的司法系统受到地方政府的直接领导和干预。这种情况下，上市公司一旦东窗事发，进入司法程序，地方政府首先考虑的是该地区的经济和在本地投资的上市公司大股东的利益。这种思维影响下的判决结果，很自然地对外部投资者不利。

正是这种司法不力的局面，导致了上市公司的种种劣迹和公司治理的混乱，比如，背离上市时发行的招股说明书，擅自进行重大战略决策，在A股并不少见。不久前上市的某汽贸集团，未经董事会的深入论证，就将4000多万欧元的资金投向一个国际汽车公司，之后由于其收购动议遭到该国际汽车公司股东的反对，几千万欧元付诸东流。

一些上市公司不仅在决策上违背对投资者的承诺，在赚钱之后也不愿意将这些钱用于现金分红。中国上市公司的现金分红率仅达到5%，而国外上市公司一般在20%～30%。

前沿学术研究充分论证法律体制对股市发展的重要性

过去10年国际金融学界最重要的研究，就是论证了法律体系对股市健康发展的重大意义。这个研究被认为有可能获得诺贝尔经济学奖。研究的领导者是笔者的博士论文导师、哈佛大学的安德烈·史莱法教授（Andrei Shleifer）。通过大量的调查，他和他的团队发现，以基层法官判案为立法基础的英美法律体系，比之于国家立法的欧洲大陆司法体系更能保护小投资者利益，因此，股市配置资源的效率更高，企业的价值也更容易提高。

尽管中国的法律体制类似于欧洲大陆体系，但我们仍然可以通过在证券司法领域采取重大改革措施，大幅改善国内企业的公司治理水平，引导中国股市健康发展。

实施证券司法改革，设立专门的证券审判庭

司法改革是解决上市公司行为不端、监管难度大的治根治本的对策。在中国现实的情况下，必须大幅提升司法部门的权威性和独立性。为此，笔者认为，有必要把所有与上市公司相关的诉讼司法程序集中于北京、上海或者深圳，在当地的高级法院专门设立证券审判庭，实施证券案件的诉讼和判决；同时，在当地检察机关设立相配套的部门，负责证券案件的侦查，杜绝上市公司大股东所在地地方政府的干预。

专门的证券审判庭的设立，将大幅度地提高证券司法相对于地方政府的独立性。如果证券审判庭能紧紧抓住若干重大案件，严格按照相关司法程序和法律条例进行审判和量刑，将有助于提升上市公司的违法成本，震慑以身试法者。只有这样，才能够规范上市公司治理的质量，才能够从本质上提升中国股市的质量，才能够让中国股市和中国经济同步蓬勃地发展。

有序开放资本账户是打开当前宏观迷局的金钥匙①

相比俄罗斯及东欧国家，中国改革开放头30年宏观经济稳定的秘密武器，是保持资本账户的封闭。然而今天，经济格局已有了翻天覆地的变化。当前实体经济不振、人民币升值、民间资金投资无门、房价居高不下的宏观迷局，可以通过有序放开资本账户这一改革化解。由此形成一个资金有序出境的格局，不仅可以应对全球央行的量化宽松浪潮，还可以缓解人民币升值压力，逐步降低货币存量与GDP之比，并通过引导百姓在全球投资，缓解境内房价压力。而对资本账户放开后资金大规模外逃的风险，可以通过事先确定底线并设置紧急阀门的机制予以应对。

有序推进资本账户的开放，是打开中国宏观迷局的一把钥匙。

金融危机爆发之后，中国经济的表现一直优于欧美诸国，但是目前却出现了一系列扑朔迷离的现象。一方面，内需低迷，国内企业利润下降、开工不足；而另一方面，人民币汇率正在各国量化宽松政策的包围下节节上升，令实体经济雪上加霜。与此同时，大量民间资金却投资无门，只能涌向房地

① 原文载于《新财富》，2013年7月。

产市场，不断推动房地产价格的攀升。中国的股市则持续低迷，在全球股市屡创新高的背景下，已连续第三年在低位徘徊。

日本方面更是火上浇油。最近，日本央行在所谓“安倍经济学”的推动下，大规模印发钞票，导致日元对包括人民币在内的货币不断贬值，这对中国经济而言无疑又构成了进一步的冲击。

那么，应该如何破解当前宏观经济的迷局呢？一把关键的钥匙就是资本账户的开放。资本账户的有序开放，可以有效地化解人民币升值的压力，也可以在很大程度上缓解房地产价格不断上涨的压力，更重要的是，资本市场的有序开放，可以解决中国货币存量持续上涨的难题。

资本账户不开放的历史原因

为了讲清楚为什么中国当前需要开放资本账户，需要回顾资本账户不开放的基本历史。

可以说，在中国改革开放的头 30 年，资本账户的封闭是稳定宏观经济重要的秘密武器。由于资本账户不开放，使得大量资金、储蓄聚集在中国经济内部，再加上国家对商业银行的高度控制，使得大量储蓄集聚在商业银行内。商业银行受到大量行政干预，其资金被以很低的贷款成本用于补贴那些经营不善的国有企业，使其不成为国家财政的包袱。同时，也正是通过持续压低贷款和存款利率，使得商业银行能够获得比较大的存贷利率差，从而获得稳定的利润，这种稳定的利润又反过来补贴了贷款不力的商业银行。这一系列运作的本质就是用高储蓄掩盖了国家财政潜在的赤字，稳定了社会各界的预期。这就是中国改革头 30 年宏观经济持续稳定、通胀在大多数年份不超过

10%的最大秘密。

相反，俄罗斯以及东欧国家在经济改革的早期就实行了比较开放的资本账户政策，同时，也放开了对商业银行的控制。一夜之间，大量的私营资本进入到银行体系。由于国家失去了对社会储蓄的控制，社会储蓄在全球范围内寻找高投资回报。与此同时，国家财政收入在东欧和俄罗斯改革的初期不断地下降，这一点与中国完全一致。不断下降的财政收入与完全失控的金融体系合在一起，导致了俄罗斯与东欧各主要国家整体宏观经济的失控。这就是中国与俄罗斯及东欧改革在宏观层面的最大不同。

当前形势与过去30年完全不同

回顾改革开放头30年的历史可以看到，今天的情况与当年完全不同。当前，中国经济的基本格局是生产能力完全过剩，总需求相对不足，社会储蓄过剩。这种情况下，宏观稳定的任务已经从稳定物价转向了稳定房地产等资产的价格。同时，由于国内生产能力过剩，大量产品出口导致了长期的外贸顺差，这就使得中国长期以来面临着外资涌入的问题，并推动了人民币不断升值的预期，人民币升值的预期又进一步拉动了外资涌入的速度。

在这一背景下，中国经济的主要问题表现为货币存量居高不下（货币存量的一个来源是大量外资的涌入）、名义汇率不断上升、房地产价不断上涨、流动性泛滥，这些表象与改革开放头30年的情况恰恰相反。在这种形势下，对中国的金融体系必须要有新的考虑。

资本账户的有序开放，是打开宏观迷局的钥匙

通过以上分析，可以看到，如果中国的资本账户能够有序地开放，那么我们将完全有可能形成一个在资本账户上资金有序出境的格局。具体说来，企业和个人可以将一部分人民币存款转换成外币出国投资。这种出国投资可以带来四个方面的好处。

第一，资本账户有序开放，可以大大缓解人民币升值压力。这是因为，在外汇市场上，我们就会形成一个有进有出的双向流动局面，而不是今天大量资金涌入而没有资金流出的单方面升值的压力。

第二，可以推动人民币有序地转换成外币出国，使得人民币基础货币存量有所下降，从而最终使得中国能够实现货币存量与GDP之比逐渐下降的经济软着陆的进程。

第三，可以大大缓解房价不断上涨的压力。其原因是让中国的储蓄者能够在全球范围内寻求投资的方向，而不是像今天一样仅仅局限在国内，眼光过多地注重于房地产市场。中国境内房地产价格居高不下、久调未果的局面，最终将会由此得到解决。

第四，可以为百姓创造更多的投资机会，是民生之举。中国经济基本的问题是产品市场产能过剩，需求不足，与此对应的是，金融市场高质量的产品极为匮乏，资金大量积聚于银行体系，部分追逐房地产市场，抬高房价。而纵观国际市场，大量跨国公司的利润来自中国，它们的股票和债券市值不断提高，中国百姓眼睁睁看着中国经济“肥水流入外人田”，却投资无门。资本账户有序开放恰恰是破解这一困境的关键一步。

资本账户开放必须考虑民生，帮助百姓控制风险

资本账户开放有可能会带来一些负面影响。从民生角度来看，难以避免的是有一部分百姓将自己的储蓄转换为外币出国投资，却由于投资不力出现了大规模亏损。原则上讲，这种风险应该由个人承担，但是在现代社会中，大量百姓出现投资亏损，势必将演变为改革者的负担，社会各界包括媒体一定会追问有关政策的合理性。如何应对此类风险？必须采取预防手段。可以考虑采取国外对对冲基金的管理方式，那就是，对冲基金的投资者必须符合一定的净资产要求，如拥有 500 万美元的净资产才能够投资对冲基金。在今天的中国，出国投资的风险往往远高于境内投资，因此，国家可以规定，只有当每一个银行账户的存款额在过去一年之内平均达到一定数额时，才能够将资金以一定的最高比例兑换成外币出境投资。通过这种方式可以化解百姓出国投资损失巨大以致自身难以应对的尴尬局面。

底线思维是关键：必须有控制超大规模资金流出的紧急阀门

多年以来，学术界大部分学者在谈到资本账户开放的时候，一般都会提出反对意见，其主要的理由是，如果资本账户打开，就很有可能形成资金大量出走的局面，这会对中国的资产市场带来巨大冲击，中国的银行体系也会出现挤兑的风潮。

应该说，这种担忧在中国经济大格局转变以后，已经大大地缓解了。正如以上的分析，中国经济目前的基本格局与过去 30 年完全不同。但是，国际

金融市场瞬息万变，国际投资者情绪也是变幻莫测，这种人民币短期内兑换成美元大量出走的情况，任何时候都不能排除。那么应该如何应对此风险呢?笔者认为，事先就应该设置防火门或是紧急阀门的机制。那就是，一旦出现大规模的资金出走，国家马上宣布紧急措施，对每一个银行账户和投资者设定兑换的上限。比如说，在一个月内出现了3000亿乃至5000亿美元的兑换规模，国家就可以规定，每一个银行账户的兑换上限为1万美元。而相关的对外投资的审批，也要有一定的放缓。通过这种方式，可以逐步地逆转资金大规模外逃的期望与趋势。

总之，中国经济的大格局相比30年前已经发生了翻天覆地的变化。中国宏观经济的种种迷局，包括货币升值、房地产价格居高不下乃至泡沫化、百姓缺乏投资渠道等，都可以通过有序地放开资本账户这一改革实现。当前，在全球一片量化宽松的浪潮中推出这样的改革，也是最好的应对措施。

信贷资产证券化是金融改革“突破口”①

> 中国金融领域改革的突破口是商业银行的信贷资产证券化改革，使影子银行从“影子”里走出来。同时还必须同步进行利率市场化改革，扩大存贷款利率浮动幅度。信贷资产证券化有利于壮大债券市场，拓宽民众投资渠道，也将给银行及整个资本市场减压，从而最终改变整个金融结构。另外，李稻葵预计人民币资本项目可兑换在未来5年内可以基本确定格局，再用5年的时间去完善机制。但是为了应对风险，操作方案应设置“防火门”或是“紧急阀门”，防止超大规模资金流出。

加快银行信贷资产证券化改革，影子银行要从“影子”里走出来

记者：近日公布的《关于2013年深化经济体制改革重点工作的意见》（以下简称《意见》）被视作今（2013）年经济体制改革的年度方案。针对今年的金融体制改革，你认为哪个方面最有可能也最有条件进行“大刀阔斧”

① 本文系《中国证券报》“改革呼唤大智慧”高端访谈对笔者的采访稿，记者陈莹莹，2013年6月。

的改革？

李稻葵：我认为中国金融改革的一个突破口就是商业银行的信贷资产证券化改革。商业银行改革如果成功了，则金融改革就离成功不远了。商业银行资产证券化改革在很大程度上是给银行松绑，并将大大促进我国债券市场的发展。目前中国的商业银行手握大量资产、银行利润也很高，但同时商业银行却频频使用再融资手段，相关部门要想方设法对中国银行业进行大刀阔斧的改革。

例如，可以通过试点的方式，把商业银行一部分安全性比较高的住房贷款、房屋贷款进行资产证券化。前期可以选择那些首付比例在50%以上的个人住房按揭贷款进行证券化，通过这种方式将银行资产引入债券市场。商业银行也能通过这种方式进行再融资、补充资本金、增加流动性，同时把债券市场做强做大。而且，中国的普通老百姓手握的资金也可以更多进入债券市场，大大拓宽了老百姓的投资渠道。

必须注意的是，银行资产证券化之后不应在银行内部自我循环，不能是甲银行的资产证券化完成后再给乙银行持有，而应该由社保基金、个人投资者持有，通过这个方式给银行及整个资本市场减压，从而最终改变整个金融结构。不要认为这样做会带来金融风险，只要严格监管就能控制风险。如果不改革，那就是默认系统性风险的积累。

与此同时，我们还必须同步进行利率市场化改革，扩大存贷款利率浮动幅度，但是一定要和信贷资产证券化改革紧密结合。如果仅仅是扩大存贷款利率浮动幅度，必将大大影响商业银行的利润。另外，一定要把商业银行资产负债表外的资产都纳入到财务体系中，也就是让影子银行从“影子”里走出来。

今年的利率市场化将加速推进，我认为存款利率浮动幅度可以扩大至基准利率的1.15～1.2倍，但是建议每半年左右的时间就评估实际效果。以这种“小步快走”的速度给市场形成良好的改革预期。

资本项目可兑换缓解人民币升值压力，应设超大规模资金流出“预警”阀门

记者：此前国务院确定今年内要提出人民币资本项目可兑换的操作方案。你认为人民币资本项目可兑换的推进还面临哪些难点和问题？你预计完全实现可兑换需要多长时间？

李稻葵：今年推出人民币资本项目可兑换操作方案的国内外条件非常成熟，而且是不得不为之。一方面，目前全球各国都在推行大规模的量化宽松政策导致跨境资本流入汹涌；另一方面，人民币升值导致我国出口企业面对较大压力。

热钱继续涌入，人民币汇率持续上升。面对两面夹击，政策必须主动。因此，资本项目可兑换必须大力推进，通过这种方式来缓解人民币升值的压力。目前的情况是跨境资金只进不出，这形成了恶性循环。而且，目前我国老百姓手中有大量的资金在国内寻找不到投资渠道，但是国外还有大量的资产具备升值空间。

我预计人民币资本项目可兑换在未来5年内可以基本确定整体格局，再用5年的时间去进一步完善。但必须警惕的是，如果资本账户打开，就很有可能形成资金大量出走的局面，这会对中国的资产市场带来巨大冲击，中国的银行体系也会出现挤兑的风潮。国际金融市场瞬息万变，国际投资者情绪

也是变幻莫测，因而人民币短期内兑换成美元大量出走的可能性，任何时候都不能排除。为了应对风险，操作方案应设置“防火门”或是“紧急阀门”。一旦出现大规模的资金出走，国家马上宣布紧急措施，对每一个银行账户和投资者设定兑换的上限。比如说，在一个月内出现了3000亿乃至5000亿美元的兑换规模，国家就可以规定，每一个银行账户的兑换上限为1万美元。而相关的所谓对外投资的审批，也要有一定的放缓。通过这种方式，可以迅速地逆转市场期望与资金大量外流的趋势。

必须注意的是，资本账户开放有可能会带来一些负面影响。从民生角度来看，难以避免的是有一部分百姓将自己的储蓄转换为外币出国投资，却由于投资不力出现了大规模亏损。原则上讲，这种风险应该由个人承担，但是在现代社会中，大量百姓出现投资亏损，势必将演变为改革者的负担，社会各界包括媒体一定会追问有关政策的合理性。因此，我们必须采取预防手段。可以考虑采取国外对对冲基金的管理方式，对冲基金的投资者必须符合一定的净资产的要求，如拥有500万美元的净资产才能够投资对冲基金。国家可以规定，只有当每一个银行账户的存款额在过去一年之内平均达到一定数额时，才能够将资金以一定的最高比例兑换成外币出境投资。通过这种方式可以化解百姓出国投资损失巨大以致自身难以应对的尴尬局面。

民间投资发力亟需行政体制改革，城乡统筹“顶层设计”莫过度

记者：你一直强调7%的GDP增速是必须守住的“底线”，在实体经济复苏始终乏力的大背景下，你认为中国经济持续增长的动力在哪里？

李稻葵：我认为现在的中国经济发展并不缺资金，缺的是热情和预期，

因此必须向改革要动力。当前最为迫切的就是行政体制改革，重点是投资审批方面。目前民间有大量资金“无路可去”，民资投资乏力直接导致了经济增长预期不稳定。

实际上，目前我国很多投资领域，民营经济根本进不去。未来必须简化审批手续，有些领域我认为甚至可以不用审批。尤其是在一些此前完全由国家控制的领域，不仅仅是垄断行业还包括很多基础设施建设领域。未来要把民资引进来，通过BOT的方式转给政府，由政府承诺未来一段时间通过地方财政税收、合理收费等给民营经济稳定的回报和收益率。

另外，必须加快财政税收领域改革，最重要的是要给地方政府建立稳定的财源。最行之有效的办法就是大力推行房产税，房产税一方面可以给地方政府一个稳定财源，另一方面也可以打消国内外资本市场对于中国地方政府财政状况、债务状况不稳定的担忧。同时，个人所得税体制要全面改革，短期内可以做的是对于一些劳动密集型、出口型企业推行一个短期减免税政策，比如两年内减免税。

7%的经济增速是必须坚守的底线。如果没有经济增长速度尤其是服务业、高端服务业的增长速度不够，则很有可能导致社会问题，未来一定要大力发展服务业，通过减税等方式鼓励就业。目前来看，2013年一季度我国的服务业增长速度还是不错的。

记者：城镇化建设是今年中国经济发展的重要方向，你认为应该怎样通过城乡统筹释放改革红利？

李稻葵：我认为城乡统筹发展不能过分强调顶层设计，毕竟中国地域之大、差别之广是其他国家所不能比的。城乡统筹是最需要中国特色的，如果“一刀切”一定会失败，全国各地情况都不一样，一定要通过试点的形式进行。比如在中部地区、西部地区、沿海地区、北方地区等各选一个城市，进行城乡统筹试点。

比如有一些地方，可以给所有在当地买房的人提供一个城镇户口。但是这样的地方一定是生态承载能力比较高的、财政状况不错的，可经济增长遇到了一定瓶颈或者阻力的地方。而在那些生态能力比较有限的地方，则一定要以产业规划为主。总而言之，城乡统筹要以生态能力来规划，包括产业、人口等方面的规划。

Chapter Five

第五章

与世界共舞——新十年展望

十八大后的中国经济①

未来三到五年，中国经济面临重重风险。国际方面，欧债危机的持续和美国经济的动荡，将使经济环境恶化，而西方与周边国家对中国日益怀疑，将使中国的国际政治环境更为险恶，对外投资、外贸受到羁绊。国内方面，房地产投资、出口等传统经济动力正在减退，消费、城镇化、产能改造与转移等新增长点尚不能替补到位。然而，中国经济改革的动力犹在，中国作为一个大国和发展中国家，发展潜力仍巨大。新一代领导人可以通过进一步改革，理顺政府和经济的关系，建立基本的社会福利制度，并通过积极运作破除西方国家的夹击。一系列努力之下，中国经济可望在未来 10 年创出前低后高的发展格局。

未来 10 年，对中国现代化进程至关重要。面对艰巨任务的中国新一代领导人，要克服国际国内的种种困难，才能使中国经济再创 21 世纪最初 10 年的辉煌。

① 原文载于《新财富》，2012 年 10 月。

未来三到五年，极其复杂严峻的考验

各种各样的信号表明，未来三到五年，中国经济将面临重大的风险。这可以从国际和国内两个方面来分析。

从国际形势来看，欧债危机的影响远没有消除，其彻底解决还有赖相当的时间和努力，中间也必然会出现一些波折。比较乐观的估计是，在未来两年之内，欧洲能找出一个基本解决框架，逐步化解危机。

比欧债危机更加严重且尚未完全爆发的危机，是美国经济、金融的进一步动荡。美国的财政问题远比欧洲严重，其基本财政赤字占 GDP 的 7%以上，包括医疗保险、退休养老等联邦政府债务占 GDP 的 100%，人均负债水平达到 10 万美元之多。这一系列困难不可能简单通过货币政策的量化宽松来应付过去，根本性地削减福利性开支、增加财政税收的改革措施是不可能避免的。虽然改革是让美国经济走出泥潭的必由之路，但问题是，美国的危机远远没有全面爆发，避免危机的改革迄今还完全没有启动。可以预见，在美国新总统上台之后，这种改革的压力会与日俱增。在美国国内的政局不断拖累改革进程，而欧洲逐步走出欧债危机阴影、步入改革道路之时，全球金融界的焦点将重聚美国。最让人担心的是，经不起推敲的美国公共财政数据，会令资本市场产生新一轮的动荡，美债危机、美元危机将会冲击整个世界。

除了来自经济方面的冲击之外，影响中国未来三到五年发展的另一个重大国际因素，就是国际社会对中国越来越抱持怀疑态度。这种怀疑态度主要体现为对中国的发展不看好，出现了各种各样唱衰中国的声音。其另一个表现，就是美国的国际战略越来越倾向于通过各种渠道限制中国的发展。所谓美国的战略重心转向亚洲，说穿了就是压迫中国的国际运作空间。这种国际环境将使2012年比之于10年前领导人换届之时更为明显恶化。恶化的国际环境，会极大地干扰中国战略决策者的注意力，也会为中国的对外投资、国际贸易等发展制造出种种羁绊。对于新一代领导人来讲，这种恶化的国际环境毫无疑问是一个重大挑战。

国际之外，中国未来三到五年的困难，更多体现在国内经济运行方面。当前，拉动经济增长的传统因素正在退出舞台，其中包括房地产。未来若干年，房地产投资的完成额不可能回到过去10年那样高的增长速度，中国的高地价和高房价必然会出现一个相对较长的调整过程。在这个调整过程中，房地产对经济的拉动力度不可能持续高位。与此同时，出口这个中国加入WTO之后的重要增长引擎，也会因为国际经济的增速放缓而日益减弱，贸易顺差在中国GDP中所占的比重会持续下降。

中国经济旧有增长机制的退出，不可能迅速由增长的新亮点进行弥补。这些新的增长亮点之一是逐步上升的居民消费。经过我们的计算，中国居民消费占GDP的比重从2007年开始每年上升1%左右，这一趋势将会持续，但需要三到五年才能达到45%以上。城镇化对中国经济的拉动作用也将继续体现，但在未来的三到五年中，由于公共财政改革不到位以及地方政府融资平台的压力尚待化解，其也不可能直接转化为增长的巨大新动力。至于生产能力的改造和从东部向西部的转移，也会在未来三到五年之内出现一定困难，这种增长动力不可能完全到位。所以，从国内来看，新增长点不可能迅速上升，取代旧增长点。

长期增长潜力仍然巨大

尽管中国经济未来三到五年面临种种挑战，但增长的潜力还是巨大的。为什么这么讲？

首先，尽管中国经历了30多年的快速发展，但仍然是一个贫穷的国家，人均GDP水平仅仅达到美国的18%。就算中国经济未能突破中等收入陷阱，也仍有从18%到35%——即拉丁美洲国家相对于美国人均GDP水平的发展空间。如果中国能够推进一系列的改革，那么，中国经济完全有望达到日本、韩国等资源约束型国家的发展水平，那就是人均GDP水平相当于美国的75%。不管是35%还是75%，从18%起步的中国经济，发展潜力仍是非常大的。

其次，中国经济仍然是一个大国经济。中国有巨大的腹地，中西部仍有大量待发展的区域。这些区域的百姓仍然十分贫穷，当地经济发展的动力十足，人们努力工作的热情仍在。因此，中国经济增长的潜力是巨大的。大国经济，不同于日本、韩国等相对的小国经济，从长期来看，中国完全可以走上不依赖外需的发展道路。

最后，中国经济改革开放的原始动力仍然存在。今天的中国社会，从百姓到精英阶层，对于经济制度的现状仍然是不满意的，改革的呼声仍然是巨大的。这种原始的改革动力完全可以被新一代领导人所凝聚，形成一股新的推动改革的力量。这一点与1985年的日本完全不同。1985年的日本，在经济制度的变革方面已经出现了故步自封、停滞不前的迹象，经济发展遇到了巨大的阻力。根据清华大学中国与世界经济研究中心的研究，历史经验表明，在人均GDP仅仅达到美国18%的基础上，像中国这样的大国未来仍然有一二十年的经济较快增长前景，中国经济的潜力是不容怀疑的。

重启改革是必然的选择

新一代中国领导人，有着独特的成长背景：在“文革”中经历了冲击和磨砺，对中国的基层社会十分了解，又在改革开放初期接受了正式教育，对改革理念深切认同，也具有在重大问题面前的决断力。当前，中国社会、经济领域的矛盾非常突出，最需要的几项改革已经相当明显，基本的社会共识是存在的。

1. 进一步理顺政府和经济的关系，大幅度改革行政审批和监管的方式。这并不是指完全取消行政审批，而是把行政审批的过程尽量地科学化、专业化、透明化，而不是垄断在政府部门。比如说，将大量不必要审批的决策交给企业家，而把核心决策，如环保评估问题，交由临时组成的匿名专家委员会执行。这种匿名的专家委员会相对于目前的纯粹行政审批而言，更加具有客观性，也不容易被利益相关者左右。通过这种方式，可以极大地释放民间投资的积极性，同时减少暗箱操作和腐败的可能性。

2. 夯实现代市场经济的社会福利基础。建立最基本的、面向百姓的福利制度，减少百姓对于实行市场经济的焦虑感，让市场经济的参与者有最基本的福利保障，这其中包括基本的住房、医疗和教育保障。只有这样，才能让百姓进一步认同市场经济的改革方向。

3. 进一步完善司法改革，提升司法部门的权威性。要做到这一点，首先要建立跨省、跨地区的审判制度，降低地方政府对司法系统的干预；除此之外，还需要完善针对行业的专业审判体系。以针对股市的司法改革为例，有必要把所有与上市公司相关的诉讼司法程序集中于北京、上海或者深圳，专门在当地高级法院设立证券审判庭，主导证券案件的侦查、诉讼和判决。这将大幅提高证券司法相对于地方政府的独立性，促进行业的蓬勃发展。

4. 公共财政改革需要新思维。其中，税制改革的关键是要理清中央和地方的关系，中央要按照地方民生支出需要配比进行转移支付，同时要进一步增加资产性和资源性的税收。未来房产税应作为地方财政改革的突破口，其收入可交由基层政府负责，用作当地公共设施建设维护、提供公共服务品，并要收支透明、公开，纳税人可实时监督。公共财政改革方面，更重要的是要进行政府资产负债的改革。中国的公共财政跟西方完全不同，各级政府拥有大量的资产，同时也有负债，资产负债表的管理涉及公共财政的长期稳定发展。对于地方政府而言，过去依赖土地融资的方式不可持续，未来完全依赖地方税负的方式也不可行，更合适的方式是通过持有部分公共资产获得长期、可持续的收入，比如，地方政府可以土地作为投入，与房地产商共同开发并持有部分房产，将其按市价或优惠价格对外出租，这样既增加了公共住房的供给，也可以作为地方政府长期稳定的财政来源。

5. 金融系统改革的实质性推进。中国金融体系最大的风险在于银行，化解风险的关键在于资产证券化。当前，中国银行业的资产过于庞大，与 GDP 之比超过了 200%，远超过 A 股市值与 GDP 之比。为降低风险，可以通过银行资产的证券化，把一部分成熟的资产卖到债券市场，且要求银行之外的投资者购买这部分资产，这会使得银行再融资压力减小，更重要的是，银行的部分资产会转移到债券市场，这就降低了资本市场配置不均衡所带来的风险。除此之外，银行也可以轻装上阵，把精力放在寻找更好的投资项目上，使其主业能更有效地运营。银行系统的改革还需要强调利率的市场化改革，商业银行的利润非常高，银行业垄断的情况非常严重，因此要鼓励利率市场化，提高银行系统的运行效率。

金融系统的另一个重要组成部分是资本市场，股市改革必须标本兼治。治标方法有三：一是使 IPO 适当放缓，二是动员一部分长期资金投入股市，三是适当地把股市债券化，即要求企业分红，让股民不依赖内部信息，而是可以直接从分红中获得长期持有股票的收益。在治本方面，主要还是在制度上解决问题，通过证券司法改革，完善行业内的审判制度，降低地方政府的干预度，促进股市的健康发展。

6. 国有经济的改革方向是进一步市场化。国有企业应完全推向市场，与其他市场参与者一视同仁，人员任免、薪酬待遇、经营管理完全市场化运作，脱离行政干预。国有资本应适当撤出，同时，出售部分国有资产的收入可以为未来增加的财政支出提供一部分资金来源。

全方位立体运作，打造中国和平崛起的新形象

在以美国为代表的西方国家的夹击下，中国目前的国际空间受到了一定限制，但是也必须看到，这些限制在一定程度上可以通过新一代领导人的积极运作来破除。

具体说来，对欧洲必须加强运作。欧洲当前的危机，恰恰是美国与欧洲分裂的重要因素，法、德等国对美国产生了严重的不满。而今，美国的注意力集中在亚洲，中国的注意力则应该放在欧洲，应当通过进一步加强和欧洲大陆的德、法等国的合作，来制衡美国在国际社会的老大地位。

对周边国家，中国也应该集中力量解决最主要的矛盾，而对马来西亚、

印度尼西亚等国，完全可以通过友好运作，开展全方位的外交，巩固旧关系，发展新朋友，以化解美国在亚洲的外交攻势。

即便对于美国，也必须看到，美国并不是铁板一块，其内部也有着不同的利益集团和声音，需要通过全方位民间外交的形式，对美国讲清楚中国和平发展的图景和意愿，化解“中国威胁论”，争取更多的朋友。

经过若干年的积极国际运作，中国完全能够打破西方国家的外交压制，为未来的发展营造一个崭新的国际环境。

前低后高将是未来十年的发展趋势

综合以上的分析，在新一代领导人上任后的前三到五年，中国经济将是非常困难的，但是，这种困难完全能够转化为改革的动力。通过国内经济制度的进一步改革以及国际社会的积极运作，能够为中国未来的发展奠定良好的基础。经过这一系列努力，中国经济在未来十年的后半段有望出现一个比较快且可持续的发展格局。这种前低后高的发展趋势，不仅是良好的愿望，也完全能够成为未来十年发展的现实。

中国奇迹还能延续①

> 中国奇迹完全能够延续。其必要条件就是短期内推出一揽子计划，而长期内也要有涉及社会体制核心的整体改革。基于执政党多年的执政经验和成长历史，这些改革应该会推出，因为执政党非常明白，不改革不突破就无法发展甚至无法生存。

最近两年以来，中国经济出现了明显的下滑态势，社会矛盾也日益复杂，国际形势也对中国十分不利。对中国的猜疑，乃至于围剿之声不绝于耳；最近又出现了银行流动性短缺、股市大跌的金融恐慌。在这种大背景下，人们不禁要问延续了30多年的中国奇迹结束了吗？笔者的答案是中国奇迹远没有结束，相反，中国奇迹还会持续，当然，大前提是一系列从短期到长期的一揽子大胆的改革措施应该也必须持续推出。

中国奇迹能够持续的理由

中国经济的增长潜力仍然十分巨大。中国经济的人均GDP按当前市场汇

① 原文载于《中国与世界观察》，2013年第2期。

率计算仅仅为美国这一标杆经济的18%，按照购买力平价也仅仅为美国的30%～40%。历史的经验告诉我们，对于一个大国经济而言，当它的市场经济机制已经深入人心，当它的国民储蓄高达GDP的50%，而大量的内地、腹地并没有像沿海地区一样进入中等发展水平时，其发展潜力仍然是巨大的。具体说来，拉动中国经济有三大增长点。第一个增长点是广义的公共产品或者是国土建设。这包括抵御自然灾害的基础建设的投资，也包括环境治理的投资，还包括继续修建一批百姓急需的、城镇化所需要的基础建设投资。第二个增长点来自于居民消费。居民消费占GDP的比重已经开始上升，根据笔者的计算，从2007年开始，居民消费占GDP的比重每年上涨0.7个百分点。大约经过五年到七年左右的时间，居民消费占GDP的比重将达到50%，再加上政府开支的公共型消费，预计整个最终消费完全可能达到GDP的70%左右。中国经济增长的第三个热点就是产能的绿化。当前中国经济的产能不仅效率低下，而且污染严重。将黑色的、低效的产能转换成绿色的、高效的产能，这本身就是一个巨大的、绿色的增长空间。当然，要想使上述三大增长成为现实，需要大量的资金，钱从哪里来？从庞大的储蓄转化而来。中国经济并不缺储蓄，当前中国经济的国民储蓄远居世界前茅。

对于中国经济增长潜力仍然巨大这一判断，当然存在着不同的看法。其中比较流行的一个观点是，中国经济的老龄化以及由此带来的劳动力市场的逆转将阻碍中国经济的发展。笔者的看法是，这说法没错，但其效果将在10年以后才逐步体现。仅就目前而言，中国经济的瓶颈是总需求，是储蓄过高，是消费不足，而人口老龄化所带来的劳动力市场的逆转恰恰是缓解这一瓶颈的。也就是说，当人口老龄化逐步出现，劳动力市场逐步出现劳动力短缺，工资率提高，这时居民的可支配收入会以高于名义GDP增长的速度增长，这会带来居民消费的上涨，而这恰恰是解决当前总需求不足的甘霖之雨。

中国奇迹可以延续的第二个理由是社会民众持续推动改革的热情。当一个社会的基本制度不能持续变革的时候，其社会进步就将停顿，经济发展也将放缓，日本过去20年衰退的本质就在于此。与20世纪80年代末的日本相比，今天的中国完全不同。当今中国社会，改革的意愿和热情依然高涨，人人在讨论改革，人人都感到当前的经济、社会制度不适应整个国家的发展，必须改变。总之，在要不要改革的问题上，主流社会的认识是完全一致的。当然，在如何改革这一问题上，分歧颇多，但完全可以通过改革的实践和实验来逐步弥补和化解。在这样的环境与氛围下，至为关键的是高层决策者应顺应民意，将这一广泛而强大的改革热情转换为改革的行动，通过改革的实践总结经验，以消弭各种各样的分歧。

中国奇迹还将延续的第三个理由就是多年形成的执政党的基本特性。中国的执政党与苏联以及东欧的共产党，乃至越南共产党和朝鲜共产党有一点是完全不一样的，那就是中国共产党是本土化而非外部力量扶持成长起来的政党，更重要的是经过了22年残酷的军事斗争从而夺取全国政权的执政党。在这22年的军事斗争过程中，中国共产党几次濒临全面的溃败和灭亡。在这个过程中，中国共产党从血的教训中得到的一个道理，那就是不能教条主义，必须不断适应实际情况不断革新应变。这种最最基本的生存原则后来总结为实事求是、与时俱进。这种经验在苏联是没有的，布尔什维克只是经过了兵工厂的起义，几个月内就获得了全国政权。而越南共产党内部的分歧很多，从来没有形成一个统一的、强大的领导集体。朝鲜的共产党主要是在外部力量的帮助下获得了全国政权，与中国共产党自身不断探索几经波折的经历完全不一样。综上，中国的革命史和建设史昭示着，不断调整打破教条主义的执政党恰恰是最能领会改革精髓所在的执政党。因此，有理由相信，中国当前的执政党在社会经济体制方面，一定会有不断的探索和创新，否则中国的问题将无法解决，中国执政党本身的生存和发展也将无法解决。

中国奇迹延续的必要条件

中国奇迹延续的必要条件有两个。

第一，必须在短期内启动一揽子改革，其主要目的就是要解决当前经济运行中的根本问题，以及缓解社会矛盾。当前中国经济运行中的基本矛盾就是增长速度下滑，与此同时，金融体系空转，金融体系不能够支持实体经济的发展，而实体经济发展又得不到民营投资者的支持。因此，短期内必须采取一揽子措施，最主要的是三条：首先，迅速启动以民营经济为主体的投资，给民营经济松绑。民营经济是正常情况下中国经济固定资产投资60%以上的融资来源，而今天，由于各种制度的桎梏，导致民营经济只能把资金投向金融业，让钱追逐钱，而金融业只能把这种资金投资在大规模国有的项目上，这就是当前经济下滑而金融空转的根本原因。改革是出路，必须通过改革，大规模放开民营经济准入门槛，调动民营经济的积极性，尤其要调动民营经济进入准公共产品的投资领域。其次，大规模进行金融整顿。央行、银监会、证监会和财政部必须联手筹集一笔资金，用这笔基金做药引子去剪断过去几年形成的金融界投资的一团乱麻。用这部分资金盘活现有的大量资金，要求银行积极地整顿，尤其是对过去形成的呆账需要清理。最后，启动地方财政改革。地方财政缺少正规的税收来源，只能依靠土地财政。在这一点中央政府必须采取主动，必须要给地方政府留有更多的财政收入，同时要给地方政府开辟新的财政来源，比如开征房产税。

第二，除了上述短期推出的三大改革措施之外，中长期也必须要有一揽子改革的大方向。这些一揽子改革必须要涉及中国社会体制的核心。其一，加强法制，让司法系统获得更多的自主权，能够更多地直接进行经济金融方面的审判；其二，约束政府的行为，让各级政府在法律的限制内活动；其三，建立最基本的社会福利体制，让百姓更能接受市场经济制度。

总结来看，中国奇迹完全能够延续。其必要条件就是短期内推出一揽子计划，而长期内也要有涉及社会体制核心的整体改革。基于执政党多年的执政经验和成长历史，这些改革应该会推出，因为执政党非常明白，不改革不突破就无法发展甚至无法生存。

中国体制演进之路为什么走得通[①]

中国社会不存在传承百年的贵族和世袭，也不存在明显的像印度那样与种姓、出身相关的明显固化的阶层。中国已经不具备剧烈革命的社会心理。两千多年的政治传统给中国带来的是一个相对其他国家高效、管理有序、有历史经验传承的官僚体制，在很大程度上保证基本社会稳定，从而铲除革命的土壤。中国是大国，更能按照自身的发展逻辑、根据自己的需要不断地去推进制度的变迁。

中国30多年的迅猛发展，已经让国际社会接受了一个基本事实，那就是，中国已经成为世界上让人尊重的、不可忽视的大国，尽管中国的政治经济社会体制与以美国为代表的西方体制不尽相同。

当今国际社会所争论的一个核心问题是：中国的发展能否持续，中国社会体制会不会出现重大的革命式的变革。笔者的观点是：中国完全有可能走出一条体制演进之路，持续改良其经济社会体制。而演进的结局是产生出一个与当今主要发达国家不尽相同的、现代化的社会体制。支持这一判断的理由有三个。

① 原文载于《中国与世界观察》，2013年3、4期合刊。

第一，中国已经不具备剧烈革命的社会心理。自太平天国以来，一百多年来的中国发生了一场又一场的革命。经过了这一场又一场的革命，社会主流心态已经厌倦，骚动的土壤已经不复存。更重要的是，必须看到这一场又一场革命的积极因素，即，它们彻底打破了中国社会原有的格局。皇权贵族、特权阶层一次又一次地被打倒；大土地所有者、产业和金融资本的所有者，一次又一次地被消灭……这一次又一次革命使得旧体制不复存在，实际上为当今的制度演进创造了必要的条件。房宁教授的文章《旧体制打破越彻底，国家发展越快》，仔细梳理了中国之外亚洲其他国家政治转型经验，得出的一个基本经验，就是旧体制被打破的越彻底，政治现代化发展越平稳。比之于印度、日本、韩国，中国大陆属于旧体制旧格局打破最彻底的国家。于是乎我们看到，中国社会不存在传承百年的贵族和世袭，也不存在明显的像印度那样与种姓、出身相关的明显固化的阶层。

第二，两千多年的政治传统给中国带来的是一个相对其他国家高效、管理有序、有历史经验传承（不是家族传承）的官僚体制，在很大程度上保证基本社会稳定，从而铲除革命的土壤。日裔美国政治学者弗朗西斯·福山在一本评价中国国家治理的书中明确提出中国经济快速发展的最主要因素，就是拥有一支相对高效的官僚队伍，而这支队伍的高效率在一定程度上要归功于历史的传承。法国思想家托克维尔在去世前的最后一本巨著《旧制度与大革命》中表达了大革命对社会的冲击，他本人对法国大革命是非常失望的。法国大革命的主要诱导因素是腐败的官僚体制，而中国的这种高效的官僚体制在很大程度上可以大大缓解腐败现象。

第三，中国是大国，相对于小国能够更好地抵御来自于外界的影响，更能按照自身的发展逻辑、根据自己的需要不断地去推进制度的变迁。具体地讲，在当今世界以美国为代表的西方发达国家或多或少、自觉或不自觉地会通过各种方式来影响其他国家的社会治理的道路。最明显的例子就是日本、韩国。这些国家在自己的体制演变过程中都是直接地受到了来自于美国的影响，而美国的影响是源于军事占领或者军事保护。这些国家在其体制演变的过程中非常清晰地认识到，如果不按照美国式的发展道路走的话，它们将无法获得美国的军事保护从而失去其生存空间。因此这些国家的发展道路事实上并不具备独立性。不过，在如今美国影响力相对下降，中国作为一个大国在国际上的影响力不断上升的大历史背景下，中国完全有可能走出一条独立的制度发展之路。

既然中国有可能走出一条渐进式的、平稳的体制演进之路，那么未来的中国体制将是什么样的呢？严格意义上讲，既然是渐进式的发展道路，那么没有人能够讲清楚未来的模式是怎样的。演进或者改良不同于革命，革命是有明确目标的，演进却是一步一步向前走的。

尽管如此，笔者认为种种迹象表明，中国未来经过多年演进而形成的现代化体制，很有可能与当今世界西方国家的以宪政加公民普选的体制有所不同。其原因是中国作为一个大国，同时又具有几千年的传统，因此完全有可能找出更加适合于自己的发展道路。

各种证据表明，过分依赖周期性的公民选举的方式以及大量的社会冲突需要由法院来协调这种体制有它低效率的一面。原因是社会民众并不完全是理性的，往往是过分关注于每一个个体自身的以及短期的利益。而这种个人短期利益的总汇合的结果不一定是有效的。这在经济学公共选择理论中有许多著名的定理加以论证。

而大量的社会冲突完全由法律体制来协调，其成本也是非常之高的。在美国，许多耳熟能详的笑话就是嘲笑律师过剩的。在金融危机爆发前，麦肯锡咨询公司给纽约市长做过的一个报告中分析了纽约作为世界金融中心的几个缺憾，其中第一大原因就是过分的法律文化带来的交易成本过高。而在中国，高效的官僚体制在一定程度上能够起到比靠法律体制解决社会矛盾更加有效的作用。

总之，我们应该坚信中国完全有可能走出一条独立的、渐进式的、不断改良的体制演进之路。

让世界读懂中国梦①

在这个全球化的世界，我们要实现中国梦，离不开国际环境的影响，更要消除中国发展引起的种种误解和担忧。因此，必须让世界真正了解，中国梦是促进世界和平繁荣之梦，而其根本之道，是引导西方精英理解中国梦。正如牛津大学的罗德奖学金培育了一大批理解英国的外国精英，今天的清华大学苏世民学者项目，正参照这一模式帮助西方精英学生读懂中国梦。

百年前的启迪

一百多年前有一位世界著名的英国企业家，他在英国之外开疆拓土，在南非拥有了大量的钻石矿，他创办的戴比尔斯公司（De Beers）当时控制了全球90%的钻石供给，至今仍然业绩辉煌。

他有一个英国梦，那就是要恢复大英帝国顶峰时期的辉煌，复辟美国革命的成果，把北美重新纳入大英帝国的版图，最终建立“罗马天主教大英帝国”（The English Empire for Roman Catholic Religion）。这位雄心勃勃的商人，

① 原文载于《新财富》，2013年6月。

在去世前计划把全部财产捐赠给另一位他所景仰的、富可敌国的英国巨商——纳撒尼尔·罗斯柴尔德（Nathaniel Rothschild），希望对方帮助他实现梦想。不巧的是，后者并不完全认同他的“罗马天主教大英帝国”之梦。几经周折，这位钻石商最终把自己的财富留给了牛津大学。他在该校设立了一个奖学金，目标就是把最有才干、最有领导力的美国人吸引到牛津大学来读研究生，待他们毕业后回到美国，帮助他实现自己的英国梦。

这位钻石商的名字叫做塞西尔·罗德斯（Cecil John Rhodes），他所设立的罗德奖学金（Rhodes Scholarship），至今已经走过了一个多世纪。不幸的是，罗德斯的大英帝国梦不仅没能实现，世人所看到的反而是大英帝国的逐步衰落。今日的英国，早已退出世界超级大国的行列。尽管如此，罗德斯所设立的罗德奖学金却独步天下，成为英美世界包括前英国殖民地各国大学生心目中顶级的荣耀，也是最具有荣誉感的奖学金。许多大学往往把每年有多少学生得到罗德奖学金作为教育质量和名望的衡量指标，其分量类似于学生中的诺贝尔奖。而获奖学生中也涌现出了美国前总统克林顿、澳大利亚前总理霍克这样的国家领导人。

非常有意思的是，一百多年前，当罗德斯建立他的奖学金的时候，中国也在加紧派出自己的人才出国留学，希望从西方寻找救国强国的科学和理念。一批又一批留学生出洋求学，他们中相当一部分人回国后，的确在中国的社会发展中起到了至关重要的作用：“两弹一星”的元勋和各级大工程的总设计师，都是这一批早年中国派出的留学生中的佼佼者。

让世界读懂中国梦

今天，中国新一代领导人明确提出了实现中国梦的理想。实现中国梦，是不可能在自己家中闭门造车所能完成的。相反，当今实现中国梦的一个必要条件是，让世界读懂什么是中国梦，让世界理解并支持中国人在实现中国梦过程中的努力。

为什么必须让世界读懂中国梦？

第一，当今世界是一个全球化的世界，任何一个民族、任何一个国家都不可能关起门来，不顾国际环境，不顾其他国家的感受而独自发展。更何况，中国已经是世界第二大经济体，是世界上最大的发展中国家和人口大国。我们要实现中国梦，离不开国际环境的影响。

第二，作为世界上发展最快的最大经济体，中国的发展已经在国际上引起了种种误解和担忧。一些人担心，中国的发展会压缩他们未来的发展空间；他们也担心，发展后的中国会日渐走上狭隘民族主义甚至军国主义道路。这些担忧的的确确在以各种形式出现。在非洲，很多国家鼓动中国在当地的朋友们对中国投资严加干涉，施加更多条件；中国企业往往很难打入当地通信、交通等重要领域，因为西方竞争者们往往就拿中国的国家主义的战略思想为借口来反对中国企业的介入。在国际安全方面，中国梦往往也被曲解为领土扩张的要求。西方的学者往往愿意用自己殖民的历史这面镜子来看中国未来的发展，他们认为，发展后的中国一定会出现扩张主义的倾向。所以，必须要让世界能真正读懂中国梦。

让世界理解中国梦是促进世界和平繁荣之梦

同时，必须让世界完全理解，中国梦和当年罗德斯的大英帝国复辟梦、希特勒的德意志第三帝国梦以及日本军国主义的“东亚共荣”梦完全不同！

中国梦事实上是建立在中国自身社会繁荣、经济发展基础之上的，而中国社会的繁荣、经济的发展必然会带动世界经济的发展，会为全球企业带来更大的市场销售额和利润，给外国的年轻人创造更多的就业机会，给外国的消费者创造更廉价的产品。中国的繁荣与发展，在本质上与世界其他国家的繁荣与发展是同向的。

中国梦不是建立在领土扩张，更不是建立在谋求世界霸权的基础之上的。在中国发展的历史上，我们看到的并不是一种扩张主义的理念，相反，中国在历史上最发达的时期，往往是自信开放，与周边邻国乃至地理位置相隔遥远的国家友好交往、互相尊重的。中国梦实际上是要恢复当年自信开放、睦邻友好的盛世景象，而非重复欧洲列强包括大英帝国对外殖民扩张的历史。

中国梦与其他任何大国之梦的不同在于，它是以中国传统的哲学和文化理念为支撑的。传统的中国哲学强调天人合一、和而不同，提倡人与自然、个人与社会、国家与国家的平和交往。这种理念与西方传统的个人主义理念完全不同，更加追求个人价值实现与社会稳定之间的平衡，而西方的价值理念更加注重个人的自由、个人的机会平等。这两种不同的价值理念，很自然地会派生出不同的社会管理理念。这一点也必须向西方讲清，否则西方会认为中国这种理念与他们格格不入，因此，在商业投资等方面可能会出现重大的误解，乃至于无法深入合作。

教育是让世界读懂中国梦的根本之道

如何让世界尤其是西方读懂中国梦？这当然需要坚持不懈地开展包括公共外交在内的各种友好交往活动，但最根本的是，让西方的年轻人从现在开始逐步了解和理解中国。

中国人说“百闻不如一见”，古人也讲“读万卷书，行万里路”。让西方的年轻人读懂中国，不仅是让他们读中国的书，接受来自中国的信息，最最重要的是，应该把他们的年轻人请到中国来，让他们亲身体验中国人的生活方式，深入了解中国人的思维方式。这种工作尤其要从西方最有成为精英和领导潜质的雄心勃勃的年轻英才着手。

这就回到了文章的开头。当年的罗德斯建立一个精英制的奖学金，虽然没有让“罗马天主教大英帝国”的辉煌之梦变为现实，却培育了一大批来自美国及英联邦国家并理解英国的年轻精英。今天，我们完全可以依照罗德斯的方式，建立一个全新的、面向西方最精英学生的奖学金。

清华新百年的梦想

清华大学过去的百年，是以培养中国精英出国留学再报效祖国为起点的。历史走了一个轮回，清华新的百年，恰恰是从吸引外国尤其是西方精英学子理解中国、读懂中国梦开始的。

2013 年，清华大学启动了得到美国投资家、黑石基金创始人苏世民先生（Stephen A. Schwarzman）资助的清华大学苏世民学者项目。这一学者项目得到了中国国家主席习近平、美国总统奥巴马热情洋溢的祝福，也获得了英国前首相布莱尔，法国前总统萨科齐，美国前国务卿基辛格、鲍威尔、赖斯等世界各地重要领导者的大力支持，连同来自哈佛、耶鲁、牛津等大学教授的指点。这个奖学金的目的，就是在让世界读懂中国的过程中发挥关键的作用。

根据这一项目的规划，2016 年起，每年约有 160 名美国等世界各国的大学本科应届毕业生，与 40 名中国的同龄人共同生活学习，深入中国社会，与校园内外的年轻人深入交往，结成终身友谊。展望未来，这批精英有望成为各国政治、经济界的栋梁，届时，他们将习惯于用中国的视角，用年轻时代在中国结成的友谊，和中国人民共同努力，解决全球面临的重大课题。他们会理解中国梦，支持中国梦，他们将会把中国梦与世界梦完美地融合在一起！

未来十年的中国与世界①

> 未来十年将是中国与世界关系出现根本调整的十年，将是中国作为古老文明崛起的最重要的十年。未来十年中国将面临非常复杂的国际环境，其根本的特点是发达国家内部正在进行结构的调整，这种结构调整将不可避免地影响发达国家对中国的看法和策略。而中国自己在未来十年内必须从根本上回答中国的发展模式将是怎样的，以及中国将以什么形式出现在世界这两个根本问题。

未来十年很可能是中国作为一个世界文明古国重新崛起的最重要的十年。为什么？其原因是未来十年主导世界的发达国家将经历极为复杂的国内政治经济结构的调整，与此同时，中国将在未来十年清晰地回答两个关键的问题：中国的经济与社会将走向什么样的模式？中国将以什么样的姿态成为世界政治经济的大国？

① 原文载于《新财富》，2013 年 1 月。

未来十年，发达国家将经历深刻的社会变革

影响未来十年发达国家走向的最重要的事件仍然是2008年全面爆发的国际金融危机。这场国际金融危机的影响远远没有结束，恰恰相反，它的影响在不断深化。这就好像一个罹患重病的患者，病毒正在不断地深入到机体内部，要恢复健康必须经历深刻的来自内部的修复。

具体说来，这场金融危机的本质是西方国家的社会经济出现了深刻的矛盾。芝加哥大学的金融学家、国际货币基金组织前任首席经济学家拉古拉迈·拉詹在他的《断层线：无形裂缝如何威胁全球经济》一书中讲道，金融危机的根源在于房贷市场的过度扩张，而房贷市场过度扩张的根源在于美国社会内部的裂痕，那就是贫富差距越来越大。在金融危机爆发之前的十几年内，美国政府试图用信用扩张的方式来弥补收入差距，其结果就是信用的泛滥和金融危机的爆发。

这场金融危机对发达国家的影响还在不断地演变，其最主要的表象就是公共财政的危机。从欧洲到美国，政府的财政赤字仍然在不可持续的高位，政府的债务水平必须调整，否则将无法持续。解决债务危机的根本还是在于政府与公民的潜在的契约关系必须要重组。政府从公民中收多少税、向谁收税、以什么方式收税？政府以什么方式、在多大程度上给公民提供公共服务与福利补助？这些是极其难以调整的社会关系。这两件事，即政府如何收税与政府如何支出，涉及的本质是西方发达国家最核心的社会关系。如果这个问题不从根本上解决，发达国家绝对不可能走出当前的危机。

我们必须清醒地认识到，发达国家所面临的这场社会关系的调整是深刻

的，将会经历相当长的时间过程。未来十年发达国家的主要精力将会集中在这个方面，而这一过程将会是非常痛苦的，它将会引起发达国家国家能力的下降、对外控制力的下降和在国际政治中地位的相对下降。

分析到此，我们必须要清醒地看到，发达国家这一系列调整对中国的影响也是非常直接的。面对中国综合国力的不断上涨和发达国家社会财力的下降，不可避免的是发达国家更加集中于应对中国崛起的各种挑战，它们将在中东、非洲，以及发达国家内部的国际问题上进行适当地收缩，而把主要精力放在对付中国。与此同时，更重要的是，在社会关系调整的过程中将出现社会的震荡和精英阶层对自身政治制度、社会制度的不自信。这种不自信又反作用于中国，使得发达国家更愿意把中国作为对手来应对。对于这种复杂的、由于发达国家内部社会结构调整带来的对华态度转变，我们必须要有清醒的认识和充分的准备。

未来十年的中国

未来十年对中国而言至关重要，中国必须在两个大问题上做出明确的回答。中共十八大的报告给出了纲领性的答案，但是大量具体的制度安排必须要在实践中摸索。

未来十年中国必须回答的第一大问题是到底中国的社会经济发展模式是怎样的。一种可能的模式是盎格鲁·撒克逊式的，即以个人自由为主要追求目标、以政府分权和国家财力的相对微弱为标志的政治经济体制；另一类模式是新加坡式的，政府以公共产品和公共秩序为重要目标、以国家综合能力为主要考量的社会经济管理体制。这两类体制是两个极端。中国的模式朝哪个方向发展，不同的学派各有各的看法，争议分歧是空前巨大的。在这种学派争议之间，我们必须看到，事实上有一个沉默的大多数群体，他们并没有参加讨论，可是他们每日每时都在以行动参加这场讨论，这就是中国的公众。中国公众的集体偏好是什么呢？我们必须研究清楚，因为他们的偏好将通过每日每时的每一个具体的事件影响决策者，从而影响中国的社会经济体制的发展。在我看来，中国民众的集体偏好与英美等盎格鲁·撒克逊式的政治传统不同，也与瑞典、西欧大陆的文化传统不同，中国的民众相比于西方国家更加注重于社会秩序，也更加注重国家整体实力和形象，他们会以手、以脚，甚至以在互联网上议论等各种方式影响着中国体制的演变。作为一种客观的预计而非个人的立场，笔者认为十年后的中国将会出现一个相对固化的，目标模式相对明确的，偏向于新加坡式的，注重集体、社会公益、国家整体形象和实力的经济发展模式。

未来十年中国必须回答的第二个问题是到底中国应该以什么形象出现在世界的政治经济舞台上。对此我们当前是没有明确答案的。2008 年的金融危机让中国的决策者们猝不及防地登上了国际舞台，但是我们并不完全知道在这个国际舞台上将如何演出。对此，未来十年中国将需要给出明确答案。首先，毫无疑问的是中国的领导人必须以不同的方式、以各种行动来向世界表明，中国的国际政治传统并不是扩张型的，而是保守型的。所有中国对领土、岛屿的宣示权都是过去相当长时间内所形成的，而当前的政府只是继承了这些宣示权，而没有新的对外扩张的要求。其次，中国必须在国际舞台上提出一套自成体系的国际治理的理念，而非就事论事、一事一策，也不是在国际问题上完全以短期的策略平衡为目标。更重要的是，中国在未来十年内在国际社会上不可避免地逐步会承担一些力所能及的国际责任，比如说在碳排放、环保、国际援助、国际组织中的出资等方面。中国需要以行动向国际社会表明其作为负责任大国的形象。

未来十年将是中国与世界关系出现根本调整的十年，将是中国作为古老文明崛起的最重要的十年。未来十年中国将面临非常复杂的国际环境，其根本的特点是发达国家内部正在进行结构的调整，这种结构调整将不可避免地影响发达国家对中国的看法和策略。而中国自己在未来十年内必须从根本上回答中国的发展模式将是怎样的，以及中国将以什么形式出现在世界这两个根本问题。如果这些问题能处理好，中国作为大国崛起的基础将会在未来十年内基本奠定。